高校思政课教学质量问题研究

陈彦雄 ◎ 著

北京工业大学出版社

图书在版编目（CIP）数据

高校思政课教学质量问题研究 / 陈彦雄著 . — 北京 ：
北京工业大学出版社，2020.11（2021.11 重印）
ISBN 978-7-5639-7734-5

Ⅰ . ①高… Ⅱ . ①陈… Ⅲ . ①高等学校－思想政治教
育－教学质量－研究－中国 Ⅳ . ① G641

中国版本图书馆 CIP 数据核字（2020）第 241480 号

高校思政课教学质量问题研究
GAOXIAO SIZHENGKE JIAOXUE ZHILIANG WENTI YANJIU

著　　者：陈彦雄
责任编辑：郭志霄
封面设计：点墨轩阁
出版发行：北京工业大学出版社
　　　　　　（北京市朝阳区平乐园 100 号　邮编：100124）
　　　　　　010-67391722（传真）　bgdcbs@sina.com
经销单位：全国各地新华书店
承印单位：三河市腾飞印务有限公司
开　　本：710 毫米 ×1000 毫米　1/16
印　　张：12
字　　数：240 千字
版　　次：2020 年 11 月第 1 版
印　　次：2021 年 11 月第 2 次印刷
标准书号：ISBN 978-7-5639-7734-5
定　　价：45.00 元

作者简介

　　陈彦雄,男,汉族,云南澄江人,1983年12月出生,硕士研究生学历,副教授,主要研究方向:高校党建理论研究与大学生思想政治教育。近年来主要讲授高校思想政治理论课程,在《学校党建与思想教育》《中国出版》《湖南行政学院学报》等学术刊物上公开发表论文20余篇,先后参与教育部人文社会科学一般项目、云南省哲学社会科学规划项目、云南省教育厅基金项目等科研项目,主编教材一部,参编教材两部。2017年6月参加云南省高校思想政治理论课基本功教学比赛获一等奖。2017年11月参加第二届全国高校"形势与政策"课巡回教学展示活动,获教育部思想政治理论课教学指导委员会"2017年全国思想政治理论课教学骨干"称号。

前 言

高校思政课是落实立德树人的关键课程，对于马克思主义在中国的传播和发展、社会主义意识形态的建设与巩固、中国特色社会主义建设人才的培养与凝聚等具有不可替代的作用。为了适应新课改的要求，在各个高校的思政课教学质量上要进行不断的优化和创新，这也是为我国培养出能够适应新时代发展的人才的需求。技术过硬是考验人才的一个方面，更重要的是要有思想上的高深觉悟。这就要求在对人才进行培养的过程中，思政课程教育的改革需要提上日程。目前我国各大院校的思政课存在一些问题，还需要进一步地进行改革和优化。

本书共六章。第一章为高校思想政治教育的定位，主要阐述了高校思想政治教育的战略定位、高校思想政治教育的目标定位以及高校思想政治教育的学科定位等内容；第二章为高校思想政治理论课教学质量内涵，主要阐述了教学质量的内涵、高校思想政治理论课教学质量的内涵以及高校思想政治理论课教学质量的影响因素等内容；第三章为高校思想政治理论课教学质量存在的问题，主要阐述了高校思想政治理论课教学的现状分析、高校思想政治理论课教学出现的质量问题、高校思想政治理论课教学质量问题存在的原因分析以及边疆少数民族地区高校思想政治理论课教学质量问题研究——以云南边疆地区为例等内容；第四章为高校思想政治理论课教学质量的关键——教师素质，主要阐述了高校思想政治理论课教师素质的鲜明特征、高校思想政治理论课教师素质的基本要求以及高校思想政治理论课教师素质的优化路径等内容；第五章为高校思想政治理论课教学质量提升的评价体系，主要包括高校思想政治理论课教学质量评价概述和高校思想政治理论课教学质量评价指标体系的构建等内容；第六章为提升高校思想政治理论课教学质量的策略思考，主要阐述了丰富高校思想政治理论课教学的内容、创新高校思想政治理论课教学的基本形式以及建立高校思想政治理论课教学质量监测的长效机制等内容。

为了确保研究内容的丰富性和多样性，作者在写作过程中参考了大量理论与研究文献，在此向涉及的专家学者表示衷心的感谢。

最后，限于作者水平，加之时间仓促，本书难免存在一些疏漏，在此，恳请广大读者朋友批评指正！

目　录

第一章　高校思想政治教育的定位

在我国高校普遍开设思想政治理论课是由我国社会主义制度的性质所决定的，是执政党的指导思想和执政理念在高校传播和贯彻的途径，是使大学生树立科学的世界观、人生观和价值观的主渠道，今天我们能充分认识高校思想政治理论课的定位是十分重要的。本章分为高校思想政治教育的战略定位、高校思想政治教育的目标定位、高校思想政治教育的学科定位三部分。主要内容包括：确立高校思想政治教育战略地位的背景、确立高校思想政治教育战略地位的意义、贯彻落实高校思想政治教育战略地位的举措等。

第一节　高校思想政治教育的战略定位

一、确立高校思想政治教育战略定位的背景

（一）实现科学发展观的需要

科学发展观的实质就是要坚持以人为本，实现经济社会的全面发展。人是社会发展的基础与动力，只有人的全面发展才能促进社会的全面发展。人的全面发展是指人的素质、能力、社会关系、个性、个人的需要等方面内容的全面发展，其主要内容是能力和个性的全面发展。大学生思想政治教育的一切工作，都要以学生为本，其根本目的就是促进学生全面发展。只有把大学生培养成全面发展的专门人才，才能为我国实现科学发展奠定坚实的基础。

（二）实施人才强国战略的需要

"国以才立，政以才治，业以才兴。发展靠人才支撑，政绩靠人才创造，

1

人才培养和人力资源开发是关系党和国家事业发展的关键问题。"鉴于人才的重要性，我们党提出了科教兴国战略。科教兴国就是要把教育放在至关重要的位置上。在各种教育活动中，思想政治教育负有重大的历史使命。只有认真开展高校思想政治教育，才能使大学生的自强意识、创新意识、成才意识、创业意识得以树立。如果思想政治教育没有得到足够的重视，没有按照科学的方法来进行，没有取得相应的成效，科教兴国战略的实施必定缺乏保证。出于为实现科教兴国和人才强国战略提供源源不断的精神动力、智力支持和思想保证，开发大学生精神潜能的考虑，我们党和国家必须把大学生思想政治教育放在战略的高度。

（三）面向世界人才竞争的需要

当今世界，人才是一个国家经济和社会发展最重要的战略资源，是决定一个国家兴衰存亡的关键。各国综合国力的竞争实质上是人才的竞争。思想政治教育必须面向当今和未来的国际竞争，面向科技和经济发展的未来趋势，面向现代化建设的全局，把培养人才作为一项重大战略任务来抓，努力培养一支具有国际视野与现代文明、规模宏大、门类齐全、整体实力强的人才队伍。

（四）加强和改进大学生思想政治教育的需要

随着经济全球化和社会信息化的发展，大学生思想政治教育领域扩大、因素增多、功能拓展、复杂性提高，大学生思想政治教育走出了"象牙塔"，成为事关全社会、全高校的大事。在对外开放和经济全球化的背景下，需要教育者面向世界、面向社会、面向未来，研究和解决经济、科技、社会快速发展所面临的一系列新问题，把握新形势下人才成长的特点与规律。而面对这些新形势和新要求，一些地方、部门和学校的领导对大学生思想政治教育工作重视不够，办法不多。全社会关心支持大学生思想政治教育的合力尚未形成。学校思想政治理论课实效性不强，一些学科教材建设滞后，思想政治教育与大学生思想实际结合不紧，少数学校没有把大学生的思想政治教育摆在首位、贯穿于教育教学的全过程。学生管理工作与形势发展要求不相适应，思想政治教育工作队伍建设亟待加强，少数教师不能做到教书育人、为人师表。加强和改进大学生思想政治教育是一项极为紧迫的重要任务。

二、确立高校思想政治教育战略定位的意义

由于高等教育大众化的推进，我国在校大学生人数迅速增多。高等教育既要满足我国快速发展的大量人才需要，也要对庞大的大学生群体以及他们的家长负责。在这样的背景下，把大学生培养成什么样的人，就成了事关国家前途与命运的战略工程、基础工程、灵魂工程、民心工程。正是从这样的大局出发，大学生思想政治教育的战略地位得以确立。这一地位的确立具有以下意义。

（一）有利于促进大学生的全面发展

在大学学习阶段，大学生由于处在成长的关键时刻，在确定发展方向、选择价值取向时，难免产生困惑、遇到矛盾，有的甚至出现信仰缺失、情感迷乱和心灵空虚等问题。这些问题如果不能得到及时引导和解决，势必影响大学生的全面发展与未来前途。将思想政治教育放在战略地位，既有利于增强高校各类人员育人的责任感，也有利于帮助大学生顺利度过大学这一关键期，促进他们全面发展。全面发展的大学生是国家未来兴旺发达的希望。

（二）有利于应对国内外现实形势的挑战

当前国内和国际形势发生着一系列重大而深刻的变化，这些变化对大学生思想政治教育提出了一系列的新课题。虽然当今世界总体上是和平的，但是在和平的表象背后却是暗流汹涌。"美国试图建立由它主导的世界格局和体系；一些别有用心的人在政治上利用人权、民主、民族等问题向我国发难；西方一些敌对势力加紧推行西化、分化中国的阴谋。"高校在开放条件下，已经成为各种思潮汇集和文化较量的前沿。如果忽视大学生的思想政治教育，必然会带来大学生在发展取向、价值选择上的困难与混乱。一个国家如果失去了共同价值观念和统一意志，就会丧失凝聚力和向心力。没有凝聚力和向心力的国家是没有竞争力的。适时地把大学生思想政治教育放在战略高度，能够更好地应对国际形势的新变化，增强民族凝聚力与竞争力。

在国内，当前我国人民生活总体上达到了小康水平，人的自由个性的发挥有了更为广阔的空间，社会与个体的多样化发展异彩纷呈。然而，在物质上富裕和精神上自由的同时，在多样化发展的过程中，一些社会问题与丑恶现象也出现了，诸如诚信缺失、制假贩假、道德失范和贪污腐败。这些不良现象通过网络等新媒体迅速传播，给大学生的健康成长带来了不可忽视的负面影响。把思想政治教育提到战略高度，强化了社会主义核心价值观对多样化发展的主导，有利于帮助大学生抵制不良影响，坚持正确的发展方向与价值选择。

3

（三）有利于确保社会主义事业长治久安

得民心者得天下，重视思想政治教育是得民心的一项重要工程。尽管高等教育大众化发展很快，但大学生在同辈青年中还是少数。在社会复杂多变的情况下，大学生的成长状况既受到社会广泛关注，也牵动着无数家长的心。学校将思想政治教育放在首位，为学生的身心健康发展创造良好的条件和环境，人民群众和广大的家长就会感到满意。人民感到满意就会拥护共产党的领导，就会巩固社会主义制度，确保社会主义事业长治久安。

三、贯彻落实高校思想政治教育战略的举措

（一）贯彻科学发展观

科学发展观是大学生思想政治教育的重要指导理论和思想方法。思想政治教育贯彻科学发展观，要坚持两个基本点：一是要坚持以人为本。"本"具有根本和需要的意思。坚持以人为本就是要求思想政治教育工作者了解学生的需要，从学生的需要出发，改革思想政治教育的内容、方法，使每一个大学生都能在思想政治教育中获益，在接受思想政治教育的过程中健康成长。二是要坚持思想政治教育全面、协调和可持续发展。思想政治教育的全面、协调和可持续发展，就是高校各类人员都要协调一致，坚持育人为本、德育为先，所有教师、管理人员、服务人员都要切实把思想政治教育与业务工作结合起来，坚持教书育人、管理育人、服务育人，形成持久的教育合力。

（二）改革课程体系与教育体制

改革课程体系就是要进行思想政治理论课课程与内容改革，综合教育内容，充实中国特色社会主义理论的最新成果，增强思想政治理论课教学的吸引力和感染力。改革教育体制就是改与现代化建设不相适应的管理体制、教育结构以及教育思想、教育内容、教学方法等。马卡连柯说过，一个人不能够一部分一部分地教育出来，而是由人所经受的种种影响的全部总和综合地教育出来的。发挥思想政治教育的作用除了要改革课程体系、教学内容与方法之外，还要改革管理体制、评价指标、培养政策，保证教育、教学与管理的协调与配合。

（三）构建提高思想政治教育针对性和实效性的长效机制

提高思想政治教育的针对性和实效性，是一个长期的渐进的过程。只有建立长效机制，把提高思想政治教育的针对性和实效性作为高等学校一项经常性

的建设加以对待，并做到制度化、规范化，才能充分发挥思想政治教育的作用。

1.要构建党委统一领导、党政齐抓共管的领导机制

"思想政治工作，各个部门都要负责任。共产党应该管，青年团应该管，政府主管部门应该管，学校的校长教师更应该管。"要在党委的统一领导下，由主管思想政治教育的学校领导牵头，汇集相关职能部门，把提高思想政治教育的针对性和实效性纳入学校教育管理体系之中，作为一项重要的长期任务，常抓不懈。

2.制定科学合理的教育规划

制定合理的规划，是要根据学生思想状况的变化和社会发展的客观需要来进行的。要根据社会对人才思想道德的要求，坚持德育为先的原则，主动进行引导，并事先采取措施将学生的各种思想问题、道德问题、心理健康问题以及其他实际问题解决在萌芽状态，防患于未然。

3.构建督导长效机制

对思想政治教育进行长期督导，是提高针对性和实效性的重要手段。高校要成立由政治思想觉悟高、富有责任意识、经验丰富的专家构成的思想政治教育督导团。通过座谈、征求意见、调查等方式，对思想政治教育进行全程督导，确保提高其针对性和实效性。

第二节　高校思想政治教育的目标定位

一、育人为本的目标定位

（一）育人为本目标定位的提出

目标定位，不仅能为思想政治教育明确人才培养的规格问题，而且也能为广大教育工作者明确工作的导向。因此，我们党和国家向来重视大学生思想政治教育的目标定位。在我们进行社会主义建设的各个时期几乎都对思想政治教育进行了目标定位。这些定位是紧密结合当时国内国际形势提出来的，对当时的思想政治教育产生过重要的指导作用。但是过去的目标定位也存在或多或少的问题。这些问题主要体现在：一是目标定位过于抽象。二是目标定位偏于政

治。在过去以政治运动为中心的社会条件下，思想政治教育过分强调政治方向、政治立场和政治态度问题，忽视其他方面的培养。三是目标定位过分一律。思想政治教育在目标要求上坚持先进、远大是必要的，但对所有学生不分层次地一律按高标准要求，就会造成思想政治教育的"一刀切"与理想化，甚至使思想政治教育脱离实际，难以被多数学生接受。

"高校是培养人才的重要基地，必须把培养中国特色社会主义事业的建设者和接班人作为根本任务。……全国高校都要始终不渝地全面贯彻党的教育方针，坚持育人为本、德育为先，充分发挥大学生思想政治教育主阵地、主课堂、主渠道的作用，全方位推进大学生思想政治教育，多方面促进大学生全面发展。"在这一段话中，"育人为本"的目标定位正式提出。

育人为本，就是以人才培养作为高校的根本任务，坚持一切着眼于调动学生的内在积极性，坚持一切为了学生的成人和成才。学校的一切工作要把培养学生、促进学生全面发展作为根本出发点和归宿。育人为本的实质就是以促进学生全面发展为根本，一切教育以学生为出发点，一切为了学生的健康成长，一切教育依靠学生进行。因此，思想政治教育工作者要把一切为了学生、为了一切学生、为了学生的一切作为出发点和落脚点，倾听并理解大学生的正当利益诉求，想大学生之所想、急大学生之所急、盼大学生之所盼，将大学生成长中的需要和要求纳入思想政治教育的视野，实现好、维护好、发展好大学生的成长成才。

（二）育人为本的前提

育人为本就是要通过各项教育来培养大学生正确的世界观、人生观和价值观。

在培养、教育学生的时候，首先要肯定大学生的主流是好的，要充分发挥广大学生成长成才的主动性与积极性，让他们真正成为自我教育的主体。2019年高校学生思想政治状况调查表明，大学生的精神风貌积极向上，对主流价值观表现出较高的认同。90%以上的学生赞同诚信意识，同时，赞同"金钱是人生幸福的决定因素"的比例比2018年有明显下降。大学生的学习生活方式积极健康，娱乐休闲方式较为丰富，能够正确对待网络与学习的关系，对网络资源的使用更加理性。多数大学生表现出强烈的成才愿望，相信通过自身努力能够在社会中获得良好的生存和发展。

另外，我们也要清醒地看到，一些学生由于缺乏社会生活经验，世界观、人生观、价值观正在形成过程中，在复杂多变的社会环境中，在多元文化的影响下难免产生模糊认识甚至错误思想。引导这样的学生适应我国社会发展，明确其成长方向，使其进行正确价值观的选择，是保证学生健康成长的前提。

（三）育人为本目标的实现

实现育人为本的目标，是高校思想政治教育工作者和全校人员的共同任务。

首先，要进一步明确高校的职能。培养人才、发展科学、服务社会是现代高等学校的三项职能。高校是培养人才的重要基地，必须把培养中国特色社会主义事业的建设者和接班人作为根本任务。因此，高校所有领导者、教师、管理者、服务者以及学生，都要牢固树立育人为本的观念，始终把人才培养作为根本任务。其次，坚持全员育人、全面育人和全程育人。社会环境的多样性与多变性、学生成长成才的复杂性决定了大学生思想政治教育的艰巨性，仅靠一个人、一个部门的力量是远远不够的，必须树立全员育人、全面育人、全程育人的育人观。全员育人就是全校的教职工都担负着育人的责任，都是德育工作者。全面育人就是要做到教书育人、管理育人、服务育人。全程育人就是把思想政治教育贯穿到大学生学习和生活中去。只有这样，大学生思想政治教育才能实现其目标。

二、德育为先的导向定位

（一）德育为先导向定位的含义

德育为先就是要把德育作为一切教育的先导，摆正"做人"与"做事"的关系，教育学生首先要学会"做人"。坚持德育为先，就是要坚定不移地把思想政治教育放在一切教育工作的首位。这是因为德育是坚持全面发展目标的保证，是激发学生成长成才动力的源泉。

坚持德育为先的导向定位，并不是只重视德育而忽略其他方面的教育，而是要发挥德对智的导向、激励作用，保证其他教育的正确价值取向。德育和智育之间是密不可分的。教育学家约翰·弗里德里希·赫尔巴特（Johann Friedrich Herbart）曾对两者的关系做过阐述："我想不到有任何'无教学的教育'，正如在相反的方面，我不承认有任何'无教育的教学'。""智育如果没有进行道德教育，只是一种没有目的的手段，道德教育如果没有进行教学，就是一种失去了手段的目的。"这就是说，在文化知识的教学中必须进行道德教育，道德教育也只有在文化知识的教学中才能得以进行。

（二）德育为先的落实

首先，充分认识德育的地位与功能是落实德育的前提与基础。在新时期，我们要"把思想进一步统一到中央对大学生思想政治教育极端重要性的认识上来，统一到中央对大学生思想政治教育新形势的分析判断上来，统一到中央对大学生思想政治教育工作的整体部署上来"。要认识到进一步加强和改进大学生思想政治教育不仅是事关国家前途和命运的战略工程，是事关科教兴国和人才强国战略的基础工程，是事关发展先进文化和建设精神文明的重大工程，而且也是事关千家万户切身利益的民心工程。得民心者得天下，顺民意者事业兴。充分认识大学生思想政治教育在我国社会的战略地位，深刻理解德育在高校的为首地位与重要功能，是落实德育为先的思想基础。

其次，改革德育与智育的脱离倾向。德育、智育、体育、美育是构成高等学校整体教育的组成部分，是满足学生成长不可缺少的教育内容。德育只有与其他教育紧密结合、相互渗透，才能发挥先导作用。德育脱离其他教育，特别是智育，就是脱离学生的实际，使德育失去最重要的基础，甚至陷于形式而与学生疏离；智育脱离德育，也会导致智育背离正确价值取向，缺乏动力源泉。德育与智育分离，是受小农经济制约、封闭环境影响的一种教育格局，已经不适应经济全球化、社会信息化、环境开放性的发展需要。因此，只有改革德育与智育脱离的"两张皮"现象，才能真正把德育为先落到实处。

最后，切实加强全员育人是保证。德育为先的落实离不开各方面教育力量的参与。高校党政领导是落实德育为先的领导者与组织者，他们负责制定可操作性强的教育方案、教育措施、教育政策，是落实德育为先的前提与保证。第一线的教育工作者，主要是德育教师和专业教师，他们始终坚持教书育人，是落实德育为先的基础与保证，没有全校管理者、教师自觉地教书育人、管理育人、服务育人，落实德育为先就是一句空话。

建立教书与育人相结合的机制，完善高校教师师德建设条例，完善教师职业道德规范，建立科学有效的评估体系和考核办法，引导教师把思想政治教育渗透到教学、科研和社会服务各个方面，既做经师又做人师，努力成为教书育人的楷模。

在全方位育人中突出管理育人。建立自律与他律、激励与约束有机结合的管理机制，加强对课堂教学的管理，严禁在课堂教学中散布错误思想；加强对校园文化建设中哲学社会科学学术活动、校园网、学生社团等的管理，严禁给错误言论提供传播渠道；加强对学生的管理，严格规范大学生的学习、生活和行为，促使他们自觉遵守各项规章制度和社会公德，逐步养成良好的行为习惯。

在全过程育人中突出服务育人。建立为大学生办实事办好事的机制，制定具体工作制度，形成从关心大学生学习生活的一点一滴做起、从大学生反映的一个问题抓起的工作规范，不断增强思想政治教育的实效性。

第三节　高校思想政治教育的学科定位

一、高校思想政治教育的科学化发展

所谓科学化，就是揭示研究对象的本质与规律，按照科学性与价值性相统一的原则和范式，研究思想政治教育的各个范畴。所谓学科化，就是要把研究对象纳入一定的学科范围，概括、提炼和创造概念与理论体系。学科化和科学化是互为前提的关系，没有科学化，学科化就无从实现；没有学科化，科学化也就无从推进。在当代社会，几乎一切领域都在实行和推进学科化与科学化，其表现是科学技术社会化和社会科学技术化。作为在专门从事科学技术教学与研究的高校担任培养专门人才任务的大学生思想政治教育，更应加快实行和推进学科化和科学化的步伐，否则，就会与社会发展、高校职能以及学生的要求不相适应。

（一）思想政治教育科学化发展的历程

我国思想政治教育科学化发展的历程大体可以分为三个阶段。

一是提出阶段（1929—1978年）。思想政治教育历来是我们党的传家宝和政治优势。早在1929年毛泽东就曾在《古田会议决议》中提出思想政治教育科学化的问题，指出要"使党员的思想和党内的生活都政治化、科学化"。1938年毛泽东又指出"政治工作的研究有第一等的成绩，其经验之丰富，新创设之多而且好，全世界除了苏联就要算我们了，但缺点在于综合性和系统性的不足"。可见，思想政治教育科学化的构想由来已久。

二是探索阶段（1978—1983年）。"文化大革命"结束后，思想政治教育科学化受到重视并被提到了议事日程。1980年4月《解放军报》评论员文章说："革命的政治工作同样是一种专业知识，一门科学。"随后，一场关于思想政治工作科学化的讨论在全国范围内热烈开展起来。1980年5月至6月，在原第

一机械工业部和全国机械工会联合召开的思想政治工作座谈会上，与会人员提出"思想政治工作要成为一门科学"。1981年《光明日报》理论部编辑出版了《论思想政治工作科学化》文集，该书代表了这一时期思想政治教育理论研究的水平。

三是建设阶段（1984年至今）。1984年，思想政治教育专业创立并开始在高校招生，标志着思想政治教育作为一个学科的正式诞生。1987年，中共中央《关于改进和加强高等学校思想政治工作的决定》要求："有关院校要认真办好思想政治教育专业，办好第二学士学位班，并创造条件培养这方面的硕士和博士研究生，为造就从事思想政治教育的专业人才开辟一条新路。"1988年全国有十多所高等院校获准首批招收思想政治教育专业硕士研究生。1997年，思想政治教育学科与马克思主义理论教育学科合并，形成了马克思主义理论与思想政治教育学科，该学科首先在中国人民大学、武汉大学、清华大学设立博士学位点，并在同年招收了博士研究生。2005年，根据大学生思想政治教育的发展需要，将马克思主义理论与思想政治教育这个二级学科提升为马克思主义理论一级学科，思想政治教育学科成为其中的二级学科。目前，思想政治教育学科是马克思主义理论学科中，拥有本科学位点、硕士学位点和博士学位点最多的二级学科，多所高校的思想政治教育学科是国家重点学科，近20所高校的思想政治教育学科设有博士后流动站。

（二）思想政治教育科学化发展的成果与经验

思想政治教育在科学化的道路上取得的成绩主要表现如下。

第一，思想政治教育作为一门独立学科的研究对象、学科领域、基本范畴、基本概念、基本规律等学科理论以及学科体系框架，经过深入研究、归纳、提炼，已经基本形成。

第二，作为一门独立学科理论形态的主要标志，即思想政治教育原理、思想政治教育史、思想政治教育方法论，以及这一学科的某些重要领域，如政治观、人生观、道德观、社会思潮研究、比较研究等，都形成了系统的理论成果，发表了许多富有创见的学术论文，出版了许多高水平的学科专著。

第三，思想政治教育学科在发展过程中，既注重历史传承，更强调前沿研究；既注重知识借鉴，更强调实践创新，不断拓展全球领域、竞争领域、信息领域、网络领域、生态领域的思想与道德研究，形成了一些富有特色的分支学科与研究成果，涌现出一批学术骨干和学科带头人，在大学生思想政治教育中发挥着重要作用。

（三）思想政治教育科学化的任务

思想政治教育学科建设虽然取得了丰硕的成果，但它毕竟是一个年轻的、正在发展中的学科，学科体系有待丰富和完善。并且随着社会的进步、人们需要的发展以及新情况、新问题的不断涌现，需要不断推进学科建设。因此，思想政治教育走向科学化的道路是一项长期的、艰巨的任务。

首先，完善学科体系。学科体系是由学科的概念、范畴体系、分支学科构成的，每个学科都有自己的范畴体系和分支学科。思想政治教育学科已经建立了自己的概念、范畴体系，形成了分支学科，在培养专业人才、指导思想政治教育实践过程中，发挥了重要作用。但随着实践的发展，还需要进一步深化对思想政治教育本质的认识，需要充实思想政治教育学科的理论内容，发展新的分支学科。

其次，增强学科特色。思想政治教育学科具有综合性、时代性、民族性等几方面的特点。综合性是由思想政治教育目的的层次性、教育内容的多样性、教育对象的复杂性所决定的。我国思想政治教育是以社会主义意识形态为主要内容的，而意识形态本身是综合性的，涉及哲学、政治、法律、道德、文艺等多方面。同时，思想政治教育是一项教育实践活动，效果除了与教育内容、教育者的素质相关以外，还与教育环境、教育对象的需要、心理与实际水平紧密相关。这些因素与内容的运用，往往需要从相关学科吸收、借鉴教育资源。不管是理论内容的运用还是实践资源的吸纳，都是一个综合的复杂过程，都需要在实践中不断探索和积累经验。时代性是由社会和人的不断发展趋势所决定的。21世纪，世界已经进入了一个高科技、信息化、快节奏的发展时代。思想政治教育要与经济、科技、社会快速发展和人的全面发展相适应，在培养当代社会所需要的人才中发挥作用，就必须紧跟时代潮流，研究前沿问题，改进滞后、落后的教育观念与方式，赋予思想政治教育时代特色。民族性是指思想政治教育是我们党和国家开展思想、政治、道德建设的传统与方式，思想政治教育学科是根据我国思想、政治、道德建设的需要所创立的有中国特色的理论体系，它既蕴含着马克思主义理论与中国民族文化的理论成果，也植根于我国社会的伟大实践。

最后，实现大学生思想政治教育专业化。大学生思想政治教育是以大学生为对象，依靠大学生所开展的思想政治教育，是全社会思想政治教育的重要组成部分。思想政治教育科学化与学科化，当然包括大学生思想政治教育在内。但大学生思想政治教育又有其特殊性，特殊性在于，大学生作为一个需要教育并接受教育的群体，其受教育的内容与途径，比其他非学校的社会成员要广泛与多样，也就是大学生不仅要接受专门的、系统的马克思主义理论教育，还要接受覆盖其学习、实践以及日常生活的思想政治教育。这样，大学生思想政治教育就有一些专门问题、内容、途径需要研究，推进其专业化或专门化。所谓大学生思想政治教育专业化，就是运用相关学科理论与方法（或专业理论与方法）有针对性、有实效性地开展教育。由于大学生思想政治教育覆盖面较广，涉及的内容与途径较多，加上思想政治教育要贴近大学生的实际与生活，因而大学生思想政治教育不能简单地以单一理论、单一方式来解决学生所有生活领域的思想问题与实际问题，必须结合实际生活的具体内容，有针对性地开展教育活动。这样，大学生思想政治教育不仅要以马克思主义理论为指导，遵循思想政治教育的规律与原则，而且要结合学生具体生活实际，运用与具体生活相关的知识，诸如与社会交往相关的社会学知识、与心理活动相关的心理学知识、与党员政治生活相关的政治学知识等，综合起来开展教育，尽可能提高教育的科学含量与专业化水平，避免教育的经验性与随意性。因此，推进大学生思想政治教育专业化，一是要对大学生进行各项内容、各个途径的思想政治教育，形成大学生思想政治教育专业化的分支；二是要在实际教育过程中，自觉运用马克思主义理论、思想政治教育学科理论以及相关学科知识开展教育。

教育理论专家叶澜关于"专业"的界定：一是作为专业的职业实践必须有专业理论知识做依据，有专门的技能做保证，因此，必须受过专业教育。同时，每一个专业还必须有与其他专业相区别的专业性要求，方能具有独立专业的资格；二是承担着重要的社会责任，有较高的职业道德要求；三是在本行业内具有专业的自主权，不受专业外的影响。

二、高校思想政治教育的学科定位

大学生思想政治教育的学科定位，就是要以马克思主义理论一级学科、思想政治教育二级学科为依托，吸收和运用相关学科知识，推进专业化进程，提高科学化水平。

（一）学科定位的意义

准确把握学科定位，是提高大学生思想政治教育专业化水平，加强思想政治教育学科建设的前提和基础，其意义在于以下三个方面。

1. 有助于明确学科依托与学科规范

马克思主义理论学科、思想政治教育学科，是专门进行马克思主义理论研究与思想政治教育研究的学科，既具有科学性，也具有价值性。大学生思想政治教育主要从事马克思主义理论教育与日常思想政治教育，只有依托马克思主义理论学科、思想政治教育学科，才能保证教育的科学性与方向性。如果没有明确学科依托与学科规范，大学生思想政治教育要么没有学科地位而陷于经验性或盲目性，要么以其他学科为依托而陷于单一性或片面性。

社会主义核心价值体系是社会主义意识形态的本质体现，用社会主义核心价值体系引领社会思潮增强社会主义意识形态的吸引力和凝聚力，关键在于提高思想政治教育的实效性，实事求是地做好思想政治教育工作。当前高校大学生思想政治教育实效性不高多是因为不能贴近学生、贴近实际、贴近生活，求真务实地做好大学生思想政治教育工作。高等学校应积极探索和改进大学生思想政治教育工作的内容和方式，用社会主义核心价值体系引领大学生的思想，增强社会主义意识形态的吸引力和凝聚力。

2. 有助于提高教育的有效性

大学生思想政治教育有了明确的学科依托和系统的专业化理论以后，实际的教育活动可以纳入学科的范围。教育理论与实际的有机结合，是增强教育针对性、提高教育实效性的根本途径。

3. 有助于实现队伍的专业化

大学生思想政治教育的开展，既需要大学生思想政治教育工作者学习、运用已有的学科理论和大学生思想政治教育专业化理论，更需要大学生思想政治教育工作者在教育实践中有组织、有计划地建设学科、探索理论、积累经验。因而，大学生思想政治教育实践与学科的理论研究相结合，是加强大学生思想政治教育队伍建设、提高专业化水平的主要方式。

（二）实现学科定位的思路与方式

1. 进一步确立学科意识，明确学科定位

高等学校是一个学科林立的科学殿堂，以追求真理、探索未知、创新知识而为社会所敬仰和崇尚。在高校面向大学生的思想政治教育者，面临着学生成长成才的复杂矛盾，担当着引导学生健康成长的重大职责，更需要知识与智慧，更需要依托学科和结合实际开展研究。如果缺乏这种自觉，也就是在从事实际

工作过程中学科意识不强，学科定位不明，不可避免地将陷于具体事务，满足于就事论事地、重复地做具体事情，就难以在教育、管理、事务工作中不断提炼和超越。马克思主义理论一级学科的建立、思想政治教育作为其中二级学科的确立，为大学生思想政治教育创建了学科平台，提供了明确的学科依托。只有把大学生思想政治教育工作纳入学科范围，并以学科理论为指导，把实际工作与理论研究结合起来，把完成工作任务与推进学科建设结合起来，我们才能真正确立大学生思想政治教育在高校的应有地位。

2. 立足实际工作，投入学科建设

应当肯定，思想政治教育者要从教育、管理的具体事情入手，就像进行科学研究的教师要从具体的研究对象入手的道理一样，关键在于把具体事情放在一定学科方位、以学科理论为指导来做，而不是盲目性地、随意性地、自发性地来做。在科学技术社会化和社会科学技术化的历史条件下，开展科学研究、学科建设，已经从少数知识分子那里扩展为全社会的活动，科教兴国、建设创新型国家战略，已经把研究、创新的责任赋予每个社会成员。因而，那种强调具体工作而忽视科学研究、学科建设，甚至陷于具体事务的观念与行为；那种注重科学研究、学科建设而搁置具体工作，甚至不惜造成工作失误的观念与行为，都是受传统单一分工影响所形成的习惯，都是不合时宜的落后观念与方式。立足实际工作、投入学科建设的实质就是要把理论与实际结合起来，把推进工作进展与提高理论统一起来，这既是解决思想政治教育脱离实际的问题、提高教育效果的重要途径，也是促进学生健康成长和教育者不断提高的重要方式。

3. 加强科学研究，整合教育资源

如果说科学研究正在社会化的话，对大学生思想政治教育工作者来说，科学研究就更是不可缺少的环节。这是因为，大学生思想政治教育是一种弱结构化活动，涉及的因素不仅数量多，而且性质复杂，进行资源选择、配置可以多种多样，形成的教育方案也多种多样。面对这样一种弱结构化活动，一些人就认为大学生思想政治教育是随意的，是没有科学性、专业化可言的，是任何人都可以做的事情。这种看法当然是不科学的。按照系统论的观点，弱结构化活动可以形成多种多样的方案，但并不是所有的方案都是结构最优功能最好的方案，只有以相关学科或专业理论为指导进行研究所形成的方案，才有可能是优化方案，随意性的、经验性的方式是难以提出优化方案并有效实施的。大学生

思想政治教育只有通过研究、比较，选择出优化方案并付诸实施，才可能取得最好效果。因此，大学生思想政治教育工作者在工作实践中，必须经常研究理论与实践、主观与客观、教育与环境、虚拟与现实、国内与国外等诸多复杂关系，并从大量的理论与实际教育资源中进行鉴别、比较，选择最适合具体教育活动的资源并加以整合，形成优化方案并付诸实施，这就是学科定位的要求与价值取向。

第二章　高校思想政治理论课教学质量内涵

思想政治理论课教学质量既是思想政治教育学研究的对象与范畴，也是思想政治理论课的教学目标、价值和意义所在。学界一直关注思想政治理论课教学质量，但对其内涵缺少学理性分析，由此导致人们对思想政治理论课教学质量的内涵、标准、评价、管理等方面存在模糊认识，甚至错误认识。本章分为教学质量的内涵、高校思想政治理论课教学质量的内涵、高校思想政治理论课教学质量的影响因素三部分。主要内容包括：教学质量观的发展、教学质量理论框架、教学质量的内涵与构成、影响思想政治理论课教学质量的外部因素等。

第一节　教学质量的内涵

一、教学质量理论框架

从整体上看，高等教育服务质量就是高等教育服务产品组合的质量，即指高等教育服务产品的固有特性满足教育需求主体显性或隐性需求的程度，它取决于教育需求主体对高等教育服务产品质量的预期同实际所感知的高等教育教学水平的对比。

教育需求主体对高等教育服务质量的预期称为预期质量，教育需求主体实际感知的高等教育教学水平称为体验质量。若体验质量高于预期质量，教育需求者就可能认为高等教育服务质量好或高等教育教学水平高。高等教育的基本产出是一种教育服务，学生购买并消费高等教育服务产品是为了获得显性或隐性收益。高等教育服务质量这一术语一般是指高等教育服务过程的优劣程度，它包括三个方面的内容：一是教育教学的服务质量；二是行政管理部门的服务质量；三是后勤服务部门的服务质量。显然，高等教育顾客感知服务质量是一个多维的概念，也就是说，顾客对高等教育服务质量的评价包括多个要素的感知。

所以，不论是体验质量还是预期质量都与受教育者的主观判断有关。高等教育不仅要满足"今天的需要"，还要引导并不断满足"明天的需要"。从这个意义上说高等教育服务质量反映出高等教育所提供的服务满足"明确的"和"潜在的"需要的能力和程度的总和。教育教学的服务质量直接关系到人才培养的质量，它处于核心的位置。行政管理部门和后勤服务部门的服务质量对人才培养的质量起间接作用。顾客满意是高等教育服务质量的决定因素，也是最终因素。

二、教学质量的内涵与构成

在观念层面上，人们一般认为，教育教学质量问题在很大程度上是一个实践问题，所以人们更多地在具体或操作层面上讨论如何提高教育质量，而不太在意对质量、教育质量、教学质量是什么等一系列质量本身的理论问题进行研究。进入90年代以来，随着社会上对质量问题的重视，教育质量、教学质量等词在教育研究文献中出现的频率越来越高，在政府有关教育的文件中也开始频频出现。各级学校面临的质量压力越来越大，这迫切要求提高教育、教学质量。提高教育和教学质量的前提就是要对质量及教育教学质量有关的理论问题有一个清楚的认识。因此，对质量及教育教学质量的研究逐渐被提到研究日程上来了。

目前，在我国质量主要有两种含义：一种是物理学中的质量，是量度物体惯性大小的物理量，有时也指物体中所含物质的量。另一种是指日常生活中使用的质量，如建筑质量、工程质量、学习质量、教学质量、教育质量等，其意义源于人们对质的理解。这两种含义在《辞海》和许多版本的《汉语词典》中都有类似的解释。

有人曾对国内外对质量的界说进行了梳理，归纳出九种观点：①不可知论，即质量是一个令人困惑的名词，谁都难以将它表述清楚。②产品质量说，即产品的特性。③达成度说，指事物达到既定目标的程度。④替代说，即用卓越、第一流的、优秀等词替代质量的本意。⑤哲学观，即把哲学中的质量的解释推广到其他领域。⑥实用观，即重实效适应社会需要。⑦绩效观，即从投入产出的角度考察质量。⑧"学术"观，即质量是按照事物固有的规则运行的，注重长期的发展，不注重短期的结果。⑨准备观，即前期的学习为后期学习准备的充分程度。实际上，这九种对质量的界说和理解，除了第一种不可知论和第五种哲学观外，其他观点都或多或少地表达了这样一种信息，即质量是事物（特别是作为产品）的特性，而这一特性又是以满足需要、达成目标或求得发展为外在表现形式的。这一质量的性质与我国和国际组织对质量的定义有相似之处。质量是产品、过程或服务满足规定或潜在要求（或需要）的特征和特性总和。国际标准化组织也对质量做出如下的定义：质量是事物满足明确或隐含需要的能力特性的总和。

从以上国内外对质量的考察和研究中可以看出，事物的质量都具有大体相似的两方面的含义：一方面，质量作为事物的内在规定性，具体表现为事物的一组特性，是事物的客观属性，是价值中立的，对此人们可以用客观的方法来了解和认识它。另一方面，质量一词又包含了判定优劣的准则，成为事物的价值属性。但事物的价值属性不是独立存在的，而是在事物的原有特性与价值主体的需要相结合后形成的。由于事物的价值属性是与价值主体的需要密切联系在一起的，主体的不同必然导致需要的不同。即使同一主体在不同的时期，或同一时期在不同的条件下也会表现出不同的需要，这就形成了同一事物不同的质量特性。此时，必须在分析事物固有的特性和与之相连的价值主体需要的基础上，才能了解和认识事物的质量特性。

由此可以看出，质量作为事物的客观特性，必须以满足某种明确或隐含需要为目的，它是事物客观特性和主体需要的统一体。可以用一句话来概括：质量是事物满足某种明确或隐含需要的特性。教学质量作为质量的下位概念，也可以以此为界定，即教学质量就是教学活动或现象满足某些明确或隐含需要的特性。从教育教学的起源和发展规律来考察，教学主要以两个方面为服务对象，即社会与人，教学质量的需要主体也主要是这两个方面。这里的"明确或隐含需要"的来源，就是指社会的要求和学生发展。因此，教学质量的内涵可以概括为："教学活动或现象协调满足社会与人两方面需要的特性。"

由于教学本身的复杂性，单从教学质量的内涵理解还无法对教学质量满足社会与人两方面需要的特性做出准确的认识，这就需要对教学质量做进一步认识。通过文献分析，我们可以把对教学质量的研究分为以下几类。

（一）教学质量就是教学结果质量，即学生质量

在这方面，瑞典教育家胡森的观点颇有代表性。他认为，教学质量主要是指学生的质量。"质量是指教育的产品，而不是指生产出这些产品的资源和过程。"他还说："如果我们把学生的成绩作为学校教育质量的唯一指标的话，

那我们就过于简单化了。人们期望学校给学生带来的变化，不仅仅局限在认知领域。人们期望学校有助于学生形成某些行为和态度，使学生能恰当地欣赏民族文化，行为受道德的和审美的价值观指导，从而成为负责的、合作的、参与的、独立的公民。"在这里，教育的产品质量主要是就学生而言的，而且不仅指学生学业成绩水平，也包括学生情感和个性的发展。胡森的这一观点有很大的代表性，在国际教育成就评价协会及各国的分支机构所进行的一系列教育教学质量监测活动中，以及在我国进行的一些大规模教育教学质量研究中，也明显地体现出来。

（二）教学质量包括教学工作质量和学生质量

这一观点又表现为以下两个方面：①更强调学生质量方面。"教学质量包括工作质量和学生质量两个方面，学生质量处于教育质量的核心地位，保证工作质量是提高学生质量的关键。"②强调教师讲授的质量方面。"教学质量是一个综合指标，它是由教师的教授质量、学生的学习质量和教学管理部门的管理质量组成的。在形成教学质量的诸因素中又有主次之分，其中教授质量和学习质量在教学质量形成中起重要作用，同时这二者在教学质量的形成中也不是等值的，其中教授质量起主导作用，是教学质量的主要体现。"

（三）教学质量包含学生的质量——结果质量

在此基础上，对教学质量的认识不断深入，由原来的教学质量认识的单一化向多元化发展，这就有了工作质量与结果质量的区分，输入质量、过程质量和结果质量的认识。从这些表述来看，他们或多或少地表达了这样一个观念，即把教学质量的核心大都定位在结果质量上，而把结果以外的质量形式（如过程质量和输入质量）降到了次要的地位，使其他质量形式都为结果质量服务。这就使人们在谈到教学质量时，往往自觉或不自觉地把它归结为教学结果质量（学生质量）。

造成这种现象有两方面的原因。一是与教育教学目的的表述有关。教学目的是在教学活动之前，人们在头脑中存在着教学活动结束时所要取得的结果，一般从育人的角度来描述。即通过教学活动要把学生培养成什么样的人，一切教学活动都必须服从和服务于育人的目的。从这一角度看，把教学质量理解为结果质量没有什么偏颇之处。产生这种理解的另一个原因，则是由于教学过程具有动态变化和不确定性特征，人们很难对教学过程质量加以准确把握。人们在认识和研究教育教学质量的时候，常常把结果质量作为过程的表征来认识。

由于教学具有复杂性的特点，教学过程与结果并不存在一一对应的关系，而存在着大量的一因多果、多因一果、多因多果的现象，单纯地从结果质量上很难看出过程的运行情况，很容易造成对教学质量的认识偏差。从教学结果质量来看，它包含许多因素，既有认知方面的内容，也有诸如情感、意志、个性等因素。由于研究和技术条件的限制，对结果质量的认识常常局限在学生认知的内容上。学生的情感和个性的发展非常复杂，并且与教学过程交织在一起，从目前的技术条件来看，想要真正认清这一结果质量非常困难。在实践上，又经常把对学生的认知结果的度量作为结果质量的表现形式，这就形成了对教学质量认识上的怪圈："教学质量＝教学结果质量＝学生认知水平。"这样，就把提高学生的学习成绩与提高教学质量等同起来，这更加重了人们对教育教学质量认识的片面性。

这一对教学质量的理解，实际上与教学质量的内涵是冲突的。教学要协调满足社会与人两方面发展的需要，而这一教学质量的等式却体现了教学向社会需要倾斜的特点，使教学更多地满足了社会方面的需要，即把社会知识通过教育教学传递给下一代，并使之为社会服务。在这里，虽然学生的认知水平也是由学生来承载的，但充其量只是人的发展中的很小的一部分。人的个性和主体性的发展，特别是个性与主体性赖以发展的基础——学生的生活历程和发展历程在教学质量中却被忽略了，这肯定是对教学质量理解的缺憾。全面正确地认识教学质量的构成，应从以下两个方面进行。

第一，树立教学质量的整体观念，继承教学质量研究的成果。在实际教学中，教学活动是作为一个整体存在着的，在教学质量生成过程中，是无法把它们分开的。教学质量的提高，是一个综合的整体的提高，而不是某一局部或部分水平的提高。虽然教学质量是作为一个整体而存在的，但在研究中，研究者为了方便，把教学活动分为教学过程与教学结果，或分为教学条件、教学过程和教学结果。由此，教学质量也就有了两分法（过程质量与结果质量）或三分法（条件质量、过程质量和结果质量）。以教学质量三分法为例，教学活动的三个部分的质量共同形成了教学质量，而这三部分教学质量既是紧密结合的整体，又在教学的整体活动中有着各自的职能，发挥着各自的作用，不能相互替代。其中，教育教学条件质量起着为教育教学活动定位和为其提供必备的条件的作用；结果质量是依据一定的目标检测目标的实现程度；过程质量则介于两者之间，起到从条件质量到结果质量的中介作用。正是在这一中介过程中，学生才逐渐从一个自然人转化为一个社会人，也正是在这一中介过程中，学生才在学到知识的同时发展能力和个性，成为一个有着丰富情感的人，成为一个具有主体性的人。

第二，实现对教学质量认识上的重心转移。如前所述，过去对教学质量的认识，大都是以结果质量为核心的，而这正是片面教学质量观的根源所在。在教学质量的构成中教学过程质量更为重要。原因在于，教学质量赖以产生的基础是教学过程的展开，教学过程是生成教学质量的主体内容，教学结果只是教学过程的自然结果，不存在超越过程的结果。只有在教学过程中充分重视知识技能的基本训练，才有可能产生好的学生学业成绩；只有在教学过程中注重了能力的培养，才会在教学结果中体现能力的发展；也只有在教学过程中对学生的人格予以充分尊重，才有可能使学生形成良好的个性品质。同样，教学目标确定得再合理，教师和学生的原有素质再高，如果没有教师与学生在教学过程中的能动的交互作用，也无法转化为好的教学结果。显然，在整体的教学质量中，教学过程质量应居于核心的地位。以教学过程质量为主的教学质量构成并不是凭空而来的，它是现代教学理论及其相关研究的必然结果。

从20世纪90年代初开始，教育理论界掀起了一股重视人、研究人的热潮，认为教育学应首先是"人"学。在此基础上，教育中的主体性问题和主体教育问题就凸显出来，在教学过程中如何充分发挥学生的主体性，成为教学理论与实践研究的重要课题。近年来，在教学研究领域又对教学交往问题、教学认识的社会性问题、活动与实践问题进行了广泛的讨论，有人还提出在课堂教学中焕发师生生命活力的问题。所有这一切，都大大提高了教学过程在整个教学中的重要性。与此同时，教学心理学和教学社会学对课堂教学的影响的研究也日益增多，教学心理学中的建构主义的教学观，教学社会学中的对课堂教学的时间构成、空间构成、师生角色类型以及课堂互动等问题的研究，为人们认识教学过程和教学质量提供了新的视角，开阔了视野。

树立以教学过程质量为主的教学质量观，对教学的理论研究与实践都有特殊的意义。在理论上，可以以此为基础，进一步丰富和深化对质量和教育教学质量相关理论问题的研究，为教育教学质量的提高打下扎实的理论基础。同时，在教学质量研究中更加关注人的活动、人的意义和人的发展等问题，真正把教学质量定位在促进社会与人共同发展方面。在实践上，可以使人们对教学质量有一个全面、正确的认识，有效消除片面质量观对人们教学观念的影响。同时，促使人们把重心放在教学过程质量的提高上，这有利于实施素质教育，消除应试观在学校教育教学中的消极影响。

第二节　高校思想政治理论课教学质量的内涵

一、基于认识论的分析

分析思想政治理论课教学质量的基本内涵，首先需要我们在一般意义上对"什么是质量"给出界定。质量是人们日常工作、学习、生活中接触到的最频繁、最熟悉的词汇之一，但要对其进行理性审视却又显得那么陌生，因为在不同学科领域，对质量的内涵有不同的界定。

在管理学界，国际上最权威、影响最广的质量概念是："一组固有特性满足要求的程度。"它包括两层含义：一是固有特性是指事物内在的本质属性，具有客观性。二是满足要求的程度是指客体满足主体—人需要的程度，不同主体有不同的需要，具有主观性。这个定义被普遍接受是因为它消弭了长期以来关于产品质量内涵的两大分歧——质量特性说和程度说，实现了两者的有机统一。在教育学界，教育质量是指"教育水平高低和效果优劣的程度……最终体现在培养对象的质量上"。

"质"原意为物物交换，各取所需，后来引申为物品的优劣。"量"原意为量器，后引申为量度物品的数量。

可见，质量在不同学科领域有不同的界定，甚至存在巨大差异，要从根本上明晰质量的基本内涵，有必要从哲学认识论角度加以分析。在哲学史上，黑格尔第一次赋予质与量一般性概念：事物不仅有质的规定，而且也有量的规定……量不是别的，只是扬弃了的质。马克思主义发展了黑格尔的辩证法思想，把事物的质与量上升到辩证唯物主义认识论的水平，马克思认为："存在着的不是质，而只是具有质并且具有无限多的质的事物。""质"与事物的直接同一性说明"质"是事物得以存在的前提和基础，"质"亡则事物亡，没有无"质"的事物，也没有脱离事物的"质"，两者是相互依存的。辩证唯物主义关于"质"与"量"的内涵界定为我们深刻理解和把握思想政治理论课教学的"质"与"量"提供了认识论基础。

思想政治理论课"质"的内在规定性与思想政治理论课具有直接同一性，失去其"质"，思想政治理论课教学质量也就不复存在或者说失去了存在的意义。思想政治理论课是我国社会主义大学的本质体现，教育者是社会主流意识的弘扬者，体现着社会统治阶级的意志和人才培养的方向与目标，没有价值引导的教育必将陷于相对主义，导致教育的自然主义倾向，消解了教育者的社会责任。20世纪70年代，价值澄清学派的思想品德教育实践在美国风靡一时，其经验教训已经证明了这一点。思想政治理论课教学离开这一"质"的基本规定性也就失去了存在的意义或者可能被其他人文社会科学课程所替代。

二、基于价值论的分析

作为价值论范畴，讨论思想政治理论课的教学质量问题，需要在一定的价值关系中进行具体分析。

第一，社会属性是教学质量存在的逻辑前提。作为客体的事物之所以有价值就在于事物客观存在的本质属性及其功能能够满足主体的需要，去除事物的客观属性，事物就失去了使用价值，同时也就失去了其满足主体需要的效用价值。同样，思想政治理论课教学质量存在的前提在于思想政治理论课固有的属性与功能能够满足价值主体——社会和青年大学生个体发展的需要。思想政治理论课教学的本质属性是由其"质"的内在规定性决定的，其"质"的规定性取决于我国的社会主义国家性质，蕴含于思想政治理论课课程体系及其教育教学实践之中。思想政治理论课既要满足社会主义意识形态的规定性要求，又要满足大学生个体全面发展的需要，表现为工具性价值与目的性价值的有机统一。这不仅是思想政治理论课教学"质"的体现，而且是其教学质量存在的逻辑前提。

第二，教学价值是在满足社会发展与人的发展的辩证统一中实现的。虽然价值客体的本质属性是价值存在的前提，但它的属性只有为价值主体所需要，并能够满足需要时，价值客体的属性才在主体的视野内，才构成主客体之间的价值关系。因此，"价值"也不是属性范畴，在孤立的主体或客体身上都不存在"价值"这种属性。判断教学质量的高低与优劣还需要解决价值主体的认定问题，因为不同的价值主体，价值客体的功能与属性满足价值主体需要的程度也存在很大差异。社会和大学生个体构成了思想政治理论课教学价值的双重价值主体。然而，社会并不是一个实体性概念，当然也就无法对思想政治理论课教学质量进行具体评价。

我国的社会主义国家性质决定了思想政治理论课教学由国家（或者代表国家的相应机构、组织、协会）判断其是否满足我国社会主义意识形态的规定性要求以及满足的程度。教学活动的对象（青年大学生）是价值的直接承担者、享用者，对于思想政治理论课教学质量的"高"与"低"，他们具有直接发言权。实践表明：如果我们过分强调社会价值而无视个体正当合理的价值诉求，必然会导致青年大学生丧失接受教育教学的内源性动力，其教学必然是低效的，甚至是无效或负效的；反之，无条件地屈从于青年大学生个体的自我需要而无视课程教育教学的社会主流意识的规约性与主导性，则必然丧失其教学"质"的规定性，同时也就失去了存在的意义。两者之间保持适度的张力，协调共进，其重要性不言自明。在教学实践中，大学生作为个体，由于家庭环境、心理状态、物质条件等各方面存在差异，其自我发展的需要也有所差别，但个体总是生活在一定的社会关系之中，个体的自我发展只有与社会发展相协调、相统一，才能在实现社会价值的过程中实现自我价值。因此，思想政治理论课教学在确保促进社会发展和大学生自我发展的统一上不仅是必要的，而且是可能的。

第三，思想政治理论课价值的实现必须遵循思想政治理论课教育教学的基本规律。思想政治理论课的内在属性或功能只是为其价值的实现提供了可能，而要把这种可能转化为现实，需要通过具体的教学实践活动这一中介才能满足价值主体的需要。如果说价值客体的本质属性满足价值主体现实需要的程度决定了思想政治理论课教学质量的高低与优劣，那么，通过教学活动，价值客体的本质属性满足价值主体的需要则成为提高思想政治理论课教学质量的关键环节。

与产品质量只是产品本身的使用价值直接满足价值主体——消费者需要的程度相区别，思想政治理论课固有属性需要通过教学活动这一中介环节才能满足价值主体的需要。在教学实践过程中，在教材质量、学生素质、教学条件一定的情况下，教师的教学水平与能力、教学方式与方法的选择、教学载体与途径的运用等教学要素都会成为思想政治理论课本质属性满足价值主体需要的影响因子。而这些影响因子发挥作用的关键是教师必须遵循学生身心发展的规律、思想政治教育的规律和思想政治理论课教学规律。否则，教育对象无法接受或接受教学内容的效果比较差，当然就无法实现教学目标，这样的教学活动是盲目、被动和低效的。

三、基于实践论的分析

从实践范畴来讲，思想政治理论课教学质量的高低与优劣最终体现于教学活动的对象——青年大学生身上，表现在他们的日常行为实践中。大学生经过教育教学所产生的思想观念的变化及其相应的行为表现与思想政治理论课教学目标一致，则教学质量高，反之，则教学质量低。就思想政治理论课教学实践活动本身而言，其能否引起学生思想观念的发展变化取决于教学内容能不能被接受。因此，在教学内容符合国家意识形态规定性要求的前提下，如何实现教学内容与教学形式的统一，达到教学内容"入耳""入脑""入心"，是教学实践中必须解决的重点和难点问题。

第一，教学的形式与方法需要符合教学对象的身心发展规律。与人类普遍存在的社会生产实践活动不同，思想政治理论课教学实践的对象是具有自觉能动性和主体意识的人——青年大学生。一方面，青年时期是大学生自我意识觉醒的阶段。他们远离家庭，开始期望独立应对学习、生活过程中出现的问题；他们有更多的时间与空间关注个人与社会发展，依据已有的思想观念进行自主的价值判断与选择，并承担起相应的社会责任；他们的行为更多地打上"自我"的烙印，根据自己的"内在尺度"思考今后的人生发展方向，其思想与行为表现出较强的主体性、自觉性特征。正是由于受教育者是有自我意识的社会性存在，所以，任何强制性的"灌输"都意味着无视受教育者的主体性，忽视学生的个性差异，漠视他们的现实需要与人格尊严。

在一个思想开放、价值多元、个性解放的现代社会，这样的教育注定是无效的。因此，在教学实践活动中，对于教学主体，不能也无法像对待物质生产实践活动的客体（物）一样，把他们当作消极的、被动的改造对象，而应充分尊重他们的主体地位，发挥他们的自觉能动性，用正确的方式、方法去引导他们，以提高思想政治理论课的教学质量。另一方面，他们的思想普遍表现出独有的双重性特征：既具有强烈的进取意识，又缺失百折不挠的决心；在行为实践中既富有活力与激情，又易于冲动，缺失理性分析；既表现出勇于创新、追求卓越的一面，又缺乏攻坚克难的意志力。青年大学生这种双重性思想特质既给教学提供了可塑造的空间，又给教学质量的提高带来了阻碍。思想政治理论课教师只有深刻把握大学生心理发展的特点，遵循青年大学生身心发展规律，从学生的思想实际出发，充分认识大学生的个性特征，尊重学生的个性差异与人格独立，以民主协商、平等对话、和谐共融的方式求大同、存小异，真正走入学生的内心世界，才能触及学生灵魂。

第二，教学过程需要遵循思想政治理论课的教学规律。从横向比较来看，高校其他课程的教学侧重于传授知识和技能，主要帮助大学生认识真理、追求真理，以便获得适应社会与人的发展所必需的知识和技能，知识与技能从本质上来说是客观的真理性认识，容易被教学对象所普遍接受。思想政治理论课与其他课程的教学过程相比较，不仅具有共性，而且具有自己的特殊性，即思想政治理论课既是一门智育课，具有严密的科学性与知识性，又是一门德育课，具有强烈的政治性与思想性。前者涉及教学过程的一般本质，即帮助大学生掌握马克思主义理论知识，形成马克思主义基本理论知识结构和体系，属于知识体系的建构过程；后者涉及思想政治教育的特殊本质，即引导大学生形成和社会主义主流意识形态相协调的思想、政治、品德、法制等观念，属于思想引领的过程。因而，前者属于"理论理性"，后者属于"实践理性"。因此，思想政治理论课不仅需要遵循一般课程教学活动的基本规律，而且需要遵循青年大学生思想品德形成与发展的客观规律。

第三，思想政治理论课教学结果需要在社会实践中经受检验。高校其他课程教学的主要任务是帮助大学生系统地掌握科学知识，学会掌握适应现在或未来社会发展所需要的技能，属于侧重于知识与技能的教育。这类课程教学活动的结果体现在他们掌握知识、运用技能的水平和能力上，是可以直接检测和评价的，教学质量的高低可以从教学对象掌握知识的程度、运用技能的水平等方面得到相对客观公正的评价。与之相比，思想政治理论课教学的主要任务是：在帮助青年大学生掌握马克思主义基本理论（知识），学会用马克思主义立场、观点、方法分析、解决社会实践过程中遇到的实际问题的同时，更重要的是通过思想教育、政治教育、道德教育、法制教育等，改造他们的主观世界，更侧重于思想品德教育。正因为如此，我们判断思想政治理论课教学质量的高低与优劣不能局限于知识与技能的掌握与应用，从某种程度上来说，青年大学生思想政治素质的提升才是其教学质量的根本体现。然而，学生思想政治素质的发展变化及其评价既不取决于价值主体的自我判断，也不取决于评价主体的主观判断，更没有先验存在的判断标准，而只有在社会实践中，在他们具体的学习、生活等方面的行为实践中才得到集中体现。受教育者只有把教育内容内化为自己的思想意识，外化为相应的行为习惯，在社会实践中做到言行一致、知行统一，真正做到思想上认同、观念上接受、行为上践履，才能形成比较稳定的思想道德素质。

综上所述，我们可以从认识论、价值论和实践论三个相互关联的角度对思想政治理论课教学质量的内涵进行分析和认识，三种分析角度综合起来，全面而系统地揭示了思想政治理论课教学质量的基本内涵和学理边界，有助于把握这类课程的教学质量评价和建设，推动教育教学改革。

第三节 高校思想政治理论课教学质量的影响因素

一、影响高校思想政治理论课教学质量的外部因素

当代大学生成长在改革开放取得重大成果的社会中，思想状况也呈现出了不断变化、不断进步的趋向。新时期最显著的成就是中国快速发展，国家综合实力不断提高。改革开放使我国成功实现了从高度集中的计划经济体制到充满活力的社会主义市场经济体制、从封闭半封闭到全方位开放的伟大历史转折，我国以世界上少有的速度持续快速发展起来。社会主义民主政治更加完善，人民权益得到更好的保障，社会公平正义正在逐步实现。文化进入大繁荣大发展时期，社会主义核心价值观深入人心，全民族文明素质得以提升，良好思想道德风尚进一步弘扬。社会保障体系进一步完善，人民生活尤其是低收入群体生活得到全面改善。高校思想政治教育赶上前所未有的大好形势。同时，中央对加强和改进高校思想政治理论课也非常重视，中央发布了一系列重要文件，做出过许多重要指示，2005年1月中央政治局常委会审议通过了《中共中央宣传部、教育部关于进一步加强和改进高等学校思想政治理论课的意见》，对加强和改进高校思想政治理论课做出了重大决策和工作部署。并且经中央批准，新方案规定的四门课程教材被列入了中央马克思主义理论研究和建设工程，作为重点教材加强建设。

尽管党中央、国务院和相关部门采取有力措施提高思想政治理论课教学质量，然而由于主客观方面的原因，由于国际国内形势的深刻变化，目前思想政治理论课教学难度增加，教学质量面临巨大挑战。具体而言，影响思想政治理论课教学质量的因素主要涉及外部环境以及教学过程本身。

（一）转型期学生的困惑

就国内而言，随着对外开放的不断扩大和社会主义市场经济的深入发展，我国的社会经济成分、组织形式、就业方式、利益关系和分配方式日趋多样化，人们思想的独立性、选择性、多变性和差异性日渐增强，这些都有利于学生自强意识、创新意识、成才意识、创业意识的树立。与此同时，我国正处于社会转型期，改革开放向纵深领域发展的同时，在新旧体制交替的过程中，社会结构在发生重大变革，一些新的社会问题浮出水面。不同群体、不同阶层、不同职业和不同领域之间的利益差别加剧，社会环境的复杂性和多样性大大增强，

收入差距进一步扩大。下岗职工、城市农民工等弱势群体的出现及其带来的社会问题，医疗改革、教育改革和农业改革中出现的弊端，学生承受的高额学费、就业压力等，这些都给学生的思想带来巨大冲击。一些大学生不同程度地存在政治信仰迷茫、理想信念模糊、价值取向扭曲、诚实意识淡薄、社会责任感缺乏、艰苦奋斗精神淡化、团体协作观念较差、心理素质较差等问题。某些领域的道德失范现象使学生的道德观和价值取向更加多样化，价值判断标准更为模糊。面对实践领域中出现的问题，马克思主义理论及其中国化发展能否解释现实问题，党的路线方针政策能否有效地解决这些问题，都会影响思想政治理论课程对学生的吸引力和影响力。学生能否在纷繁复杂的社会问题面前保持清醒的头脑，坚持正确的世界观、人生观和价值观，是对思想政治理论课教学效果和教育意义的直接验证，是对思想政治理论课教学质量的直接考验。

（二）党的先进性建设影响学生对中国化的马克思主义的关注

党在新的历史条件下，能否代表先进生产力，代表先进文化，代表最广大人民的忠实利益，将是对党的考验。在当前市场经济条件下，党的清正廉洁建设不尽如人意，个别官员面对金钱诱惑、"糖衣炮弹"纷纷落马，这种现象严重损害了人民利益，危害了社会公平公正秩序，带来了极其恶劣的社会影响。政府执政能力还不是很高，不能完全实现依法治国与以德治国的和谐统一，某些地方部门违背了以人为本的宗旨，脱离群众，官僚作风严重，办事效率低下，会极大地伤害到人民群众的情感和利益。社会上诸如此类的消极、不健康因素不断侵蚀着一些青年学生的头脑。在这样的背景下，思想政治理论课要想深入人心实属不易。党能否保持先进性，杜绝腐败现象的一再发生，政府能否提升执政能力，将直接影响学生对马克思主义理论及马克思主义信仰的关注。通过思想政治理论课的教学，学生坚持正确的政治方向，坚定党的路线方针政策，这是思想政治理论课教学质量得以落实的关键。

二、影响高校思想政治理论课教学质量的内部因素

（一）马克思主义理论本身的特征

马克思主义理论是一门具有历史性的科学，马克思主义具有与时俱进的理论品质，其理论内容和形态总是和时代共进、与历史同步的。学习马克思主义理论，既要溯其源、考其流，又要把握其发展规律和发展趋势，并在与中国实践的结合中不断获得创新和发展，这样才能使马克思主义主流意识形态、价值

观顺应时代发展和需要。因此，在课程教学中能否把握马克思主义与时俱进的理论特征，将决定马克思主义的理论魅力。

此外，马克思主义是时代的产物、时代精神的精华。马克思主义的生命力体现在马克思主义对现实的穿透力上。如何在教学中把握好这个关系，使思想政治理论课的马克思主义理论品质和现实社会实际相结合，并体现出针对性、实效性和发展性是一个重要的课题。目前有些思想政治理论课教师在授课过程中不能准确地把握马克思主义的精髓，偏离马克思主义的"根"与"魂"，仅仅局限在马克思主义的概念和词句里，从思想到思想、从意识到意识、从原理到原理、从结论到结论地讲解相关理论，脱离当前的社会现实状况、社会实践的需要。大学生虽然对马克思主义熟稔于心，却不能用相关理论对现实进行透彻的审视和生动的分析，其感受不到活生生的、有血有肉的、立体式的马克思主义，接触到的只是印在教科书上的、干瘪的、距离大学生很遥远的、平面化的马克思主义的词句。马克思主义能否与实际结合、解释现实、指导现实，将决定马克思主义在学生中的说服力和影响力，进而决定思想政治理论课的教学质量。

（二）教育对象的认知特征

作为思想政治理论课教师，特别要对自己的教学对象——大学生的思想状况有清楚的把握，如大学生现在感兴趣的问题是什么、他们在哪些问题上是存在困惑的、这些问题与自己所授课程内容是否有密切联系。只有对大学生的所思、所想、所盼、所惑、所急了然于心，思其所思、想其所想、盼其所盼、释其所惑、急其所急，思想政治理论课教师才能在课堂上和大学生产生共鸣，只有这样的思想政治理论课才能在大学生中具有针对性。而思想政治理论课的针对性是提高教学质量的重要方面。如果我们的话语远离学生的成长与成才需求，无关学生的切实"痛痒"，不与大学生的生活相对接和相吻合，那么大学生对思想政治理论课就不会理解和接受。相当一部分大学生就容易对学习思想政治理论课的重要意义认识不足，学习动力不足，产生厌学心理。此外，思想政治理论课不仅要对学生进行知识的传授，还要对其进行情感的培养、思想道德境界的升华。而学生从知识到情感到行为的转化，是有规律可循的，如果思想政治理论课教学不尊重这种规律性，脱离学生的认知特征，就不会取得好的效果，教学质量就不会得以提升。

（三）教育者的主观能动性

虽然学生是教育的主体，但教师的主导作用也不可忽视。目前，从社会到学校，重视智育、轻视德育的氛围还相当浓厚，受其影响，思想政治理论课与专业课相比较，自然不被学生重视。同时，从教育者方面来说，思想政治理论课教师作为教师队伍中的特殊群体，职业倦怠现象在他们身上表现得尤为突出。不少思想政治理论课教师对自己的工作发展前景和条件没有信心，职业认同度不高，这就导致了思想政治理论课教师工作热情不高、积极性不足，对工作的投入减少、创造性降低，渐渐地对教学和学生产生厌烦情绪。教育者的主观能动性调动不起来将直接影响教育者对教学工作的投入，教学质量必然因此受到影响。构建思想政治理论课教学质量保障体系的必要性因此凸显出来。

（四）教学方法的创新

教学方法的创新是提高思想政治理论课教学质量的关键。在目前已经有了全国统编教材的情况下，要想高质量上好马克思主义理论课，改革教学方法、讲究教学艺术显得尤为重要。所有教学方法，其前提和出发点必须是贴近学生、贴近学生的生活实际、贴近学生的需求、符合学生的思想特点。目前有的思想政治课教师不能做到把"马克思主义理论""科学发展观""小康社会""社会主义和谐社会"这样的大道理同大学生的人生理想、自我价值、社会价值的小道理结合起来，把对现代社会激烈竞争的诠释与对大学生的迷茫、困惑的引导和解答结合起来，学生感觉不到"上课内容与自己关注的内容息息相关"。课程远不能满足学生的需求，不能真正走进大学生的心灵，课程自然也就失去了吸引力，具备不了打动学生的魅力。

目前，部分教师教学方法手段单一，仍然以灌输为主，而不注重引导和探讨。在教学理念上，依然"授人以鱼"，而不是"授人以渔"。思想政治理论课教学方法亟待创新，教学理念亟待调整。应当注重教会学生思考的方法，提高学生思考的能力，只有以这样的教学理念为指导，才能真正做到在课堂教学中注重教师与学生的互动，既充分发挥教师的主导作用，也充分尊重学生的主体地位；以问题统领课堂，引导学生提出问题、思考问题、解决问题，全面提升学生的批判思维水平和关注现实的能力。教师语言的运用、情感的交流、营造课堂氛围的能力也是非常重要的。而情境教学、体验教学、模仿教学等方法的创新也会直接影响教学效果。所有教学方法都必须根据教师自身特点和优势去进行创新，形成独特的个人风格，这样学生才能喜欢教师，才能由欣赏教师的人格魅力、折服于教师的才华，到喜爱课程本身，由对教师的接受到对课程的接受，这样教学质量自然会得到提高，而教师应充分发挥主观能动性以实现这一转换。

（五）教育媒介的影响

先进教育技术的运用，将会影响课程的生动性和感染力。多媒体课件的制作已经获得巨大发展，仅局限于简单的文字图片展示已不能满足学生的需求，会影响授课的实效性。同时，一些间接的传播媒介，包括网络、报纸、书籍、影视等都会使学生受到全方位信息冲击，负面的信息来源将对思想政治理论课的主渠道作用构成冲击。同时众多媒体信息中既有主流的意识形态，也会夹杂其他的杂音、噪声，如果学生的分辨能力不强，其思想将会被搅乱，其信仰将会被磨灭，这也会影响其对思想政治理论课的认同。

除此之外，目前高校的思想政治理论课教学中还存在着其他不尽人意的地方，直接影响了思想政治理论课应有的教学效果。思想政治理论课教学质量在当下面临巨大挑战，但它却不可回避，是政府、学界、一线教师必须面对的。

第三章 高校思想政治理论课教学质量存在的问题

思想政治理论课的教学质量决定着高校培养的社会所需要的合格建设者和接班人的质量。但目前的高校思想政治理论课教学质量还存在一些问题。本章分为高校思想政治理论课教学的现状分析、高校思想政治理论课教学出现的质量问题、高校思想政治理论课教学质量问题存在的原因分析三部分。主要内容包括：高校思想政治理论课的课程性质与地位、高校思想政治理论课教学的发展历程、高校思想政治理论课教学的现状等。

第一节 高校思想政治理论课教学的现状分析

一、高校思想政治理论课的课程性质与地位

（一）高校思想政治理论课的课程性质

高校思想政治理论课是对大学生进行马克思主义理论和思想政治教育的课程群，是包括"毛泽东思想和中国特色社会主义理论体系概论""马克思主义基本原理概论""思想道德修养与法律基础""中国近代史纲要""形势与政策""当代国际经济与政治"等课程在内的一个课程体系。大学生思想政治理论素质的提高，既是全民族思想道德素质提高的重要方面，又对提高全民族思想政治理论素质具有示范、辐射和推动作用，更是培养中国特色社会主义事业合格建设者和可靠接班人的一项战略任务。具体来说，高校思想政治理论课具有以下性质。

1. 政治性

思想政治教育是引导大学生确立正确的政治认知、政治信仰和政治立场的主要渠道。高校思想政治理论课具有明显的政治导向性。在高校思想政治理论课教学中，通过马克思主义理论教育，社会主义理想信念教育，中国特色社会主义政治观点、政治立场和政治方向教育，爱国主义和集体主义教育等系统的思想政治教育，有意识、有目的、有计划地培养大学生的政治态度和价值取向，提高他们的政治敏锐感和鉴别力，激发他们的政治热情，提升他们的政治素质，锻炼大学生的政治认识与政治参与能力。

2. 思想性

思想政治教育是"使大学生具有认识事物的科学观点和方法的教育，是培养大学生正确的世界观、人生观和价值观的重要方式"。高校思想政治理论课包含着丰富的思想政治教学内容和完整的思想政治理论体系，比如，对大学生进行马克思主义原理的教育，可以帮助大学生掌握科学的世界观和方法论，培养大学生分析和解决实际问题的能力；进行以为人民服务为核心和以集体主义为原则的社会主义核心价值观教育，能帮助大学生培养高尚的理想情操和良好的道德品质，树立体现民族特色和时代精神的社会主义价值标准和道德规范；进行中国特色社会主义理论与实践教育，能帮助大学生高举中国特色社会主义伟大旗帜，增强贯彻执行党的路线、方针、政策的自觉性和坚定性等。而这些内容又共同形成了关于世界观、人生观和价值观的教育理论和实践体系。

3. 德育性

德育性就是道德育人性。要理解德育性，就要先理解德育。德育包括广义和狭义两个方面的含义。广义的德育是指所有有目的、有计划地对社会成员在政治、思想与道德等方面施加影响的活动，包括社会德育、社区德育、学校德育和家庭德育等方面。狭义的德育专指学校德育。学校德育是指教育者按照一定的国家、社会、阶级或组织的要求，有目的、有计划、有系统地对受教育者施加思想、政治和道德等方面的影响，通过受教育者积极的认识、体验与践行，以使其形成一定社会、阶级或组织所需要的品德的教育活动，即教育者有目的地培养受教育者品德的活动。高校思想政治理论课教学是加强大学生思想政治教育、提高大学生思想政治素质的重要手段，是德育的主渠道，担负德育的重要任务。其根本目标是引导和帮助学生树立马克思主义的世界观、人生观和价值观，增强抵制错误思潮和拜金主义、享乐主义、极端个人主义等腐朽思想侵蚀的能力。因此，要充分发挥高校思想政治理论课教学的育人功能，确立课程目标定位，需要把德育渗透到高校思想政治理论课教学的各个环节，把德育工作放在育人工作的首位。

4. 科学性

高校思想政治理论课的科学性包含两层含义：第一，它本身是一门科学，依托于一定的学科，有自己的学科归属；第二，它的教学效果是科学的。高校思想政治理论课从学科归属上看，隶属于马克思主义理论学科，而科学性是马克思主义理论首要的和基本的特点。既然马克思主义理论是科学，思想政治理论课是建立在马克思主义科学理论和实践基础之上的，其主要任务在于对大学生进行马克思主义理论教育，那就一定要把专门传播马克思主义理论的课程作为科学来对待。离开马克思主义理论的学科体系，高校思想政治理论课就会失去科学性，也会因偏离正确的政治方向而失去马克思主义理论教育的功能。高校思想政治理论课的科学定位必须建立在马克思主义理论一级学科的建设基础上。用学科建设支撑高校思想政治理论课建设，用社会主义现代化建设实践中取得的重大理论问题和实践问题的科学成果充实思想政治理论课的教学内容，使高校思想政治理论课教学融强烈的思想性和政治性于浓厚的学术性之中，使马克思主义理论学科真正成为高校思想政治理论课的坚实学科基础，保证高校思想政治理论课的科学性真正建立在最新的社会实践和科学发展水平上。

5. 时代性

时代是一定时期经济、政治、文化等状况的总和，是一个客观的历史进程。时代性就是强调事物顺应时代条件的产生而产生，随着时代的发展而发展，因此，时代性就是与时俱进性。任何思想政治理论要想始终保持生命力，就必须与时代发展的进程相一致，反映时代的特征。新中国成立70年来，高校思想政治理论课经历了从"马克思主义政治理论课"到"思想品德课"再到"两课"，又到"思想政治理论课"的变化；课程结构与体系从改革开放前"52方案""54方案""61方案""78方案"到改革开放后"79方案""86方案""98方案""05方案""08意见"的沿革；在课程理论、学科支撑、教材、师资队伍、教学基本建设等方面，由不成熟、不规范到比较成熟、比较规范，再到在深化改革中不断完善的演变过程，都体现了高校思想政治理论课的时代性。

高校思想政治理论课的教学内容既要适应大学生思想心理和个性发展的需要，又要把反映时代精神、生存方式、社会思潮变化大背景条件下的马克思主义理论研究的最新理论成果反映到教学内容中。教师要敢于、乐于、善于在吃透、吃准教材基础上，在如何把学术内容变为课堂教学内容方面下功夫。如果高校思想政治理论课教师的学术研究水平不高，不能很好地把高校思想政治理论课的政治性寓于学术性之中，不能给学生在学术上以更多的启迪，激发不起学生学习的积极性和主动性，将直接影响教育教学的效果。因此，"要提高思想政治理论课程的说服力和感染力，教师的一个重要任务就是努力加强思想政治理论课所涉及的重大理论和实践问题的研究，要用深入研究所获得的成果去支撑高水平的教学，用自己深刻理解和真正把握了的科学理论去讲解，才能说服学生、打动学生，才能真正实现科学理论进学生头脑的目标"。面对形势的变化，面对教学内容的变化，面对当代大学生学习方式、思维方式、接受新知识方式变化的实际，高校思想政治理论课教学的方式方法也要进行相应的调整和改变，应该把教师的灌输方法、大学生的自我教育方法和实践体验有机结合起来。此外，还要将人文关怀和思想政治工作联系在一起。在高校思想政治理论课的教学方法上要将人文关怀渗透到教学过程中和教学过程外，增强师生互动，真正搞好高校思想政治理论课教学，从时间和空间上保持思想教育的连续性、持久性和深入性。

6. 实践性

思想政治理论课的实践性是指师生在进行思想政治理论教与学的过程中，必须参与实践，必须在实践中促进理论向能力的转化，并促使能力的进一步发展，在实践中检验思想政治理论成果的正确性。没有实践，理论的发展就失去了动力，就不会有创造性和创新性。高校思想政治理论课应注重以理论知识为依据，强调创造性和实践性，激励学生主动参与和主动思考。在教学过程中要引导学生有目的地参加课内外、校内外的各种实践活动，对社会现实生活广泛参与体验，使其主观世界得到感性的再教育，使其主体能力得到提升。如"毛泽东思想和中国特色社会主义理论体系概论"课程具有很强的实践性，在课堂内外教学过程中要紧密联系我国社会主义改革开放和现代化建设的实践，在深刻领会相关理论的精神实质的基础上，引导、鼓励大学生通过参加社会实践，加深对毛泽东思想、邓小平理论、"三个代表"重要思想和科学发展观以及习近平新时代中国特色社会主义思想的理解，深化对党的路线、方针、政策的认识，增强历史使命感和社会责任感，坚定走中国特色社会主义道路的信念，逐步在实践中了解社会、认识国情、增长才干、奉献社会、锻炼毅力、培养品格。

（二）高校思想政治理论课的地位

高校思想政治理论课的地位是由其性质所决定的，体现为它在整个高等教育和社会生活中的位置和作用。具体来说，主要有以下几个方面。

1.高校思想政治理论课是大学生思想政治教育的主渠道

我国高等学校对大学生的思想政治教育贯穿于学校教育教学的各个环节，体现为全员育人、全过程育人和全方位育人。就其教育渠道或途径、形式来说，主要包括：思想政治理论课教学；学生日常教育、管理；形势政策教育；心理健康教育与咨询；党、团组织工作；辅导员、班主任工作；校园文化和社会实践活动；通过网络和各门课程教学工作开展思想政治教育等。而这里所谓的"主渠道"，是指思想政治理论课作为国家统一设置和实施的、所有大学生必修的专门性和直接性的思想政治教育课程，在诸多思想政治教育渠道或途径、形式中起着主导或引导性的作用。

一方面，加强和改进大学生思想政治教育工作的主要任务决定了思想政治理论课的主渠道地位。2004年8月，《中共中央、国务院关于进一步加强和改进大学生思想政治教育的意见》指出，大学生是十分宝贵的人才资源，是民族的希望，是祖国的未来。加强和改进大学生思想政治教育，提高他们的思想政治素质，把他们培养成中国特色社会主义事业的建设者和接班人，对于全面实施科教兴国和人才强国战略，确保我国在激烈的国际竞争中始终立于不败之地，确保实现全面建设小康社会、加快推进社会主义现代化的宏伟目标，确保中国特色社会主义事业兴旺发达、后继有人，具有重大而深远的战略意义。加强和改进大学生思想政治教育的主要任务，就是坚持以马克思主义、毛泽东思想和中国特色社会主义理论体系为指导，全面落实党的教育方针，紧密结合中国特色社会主义现代化建设的实际，对大学生系统灌输马克思主义科学理论，进行正确的世界观、人生观、价值观、道德观和法制观教育，努力提高思想政治教育的针对性、实效性和吸引力、感染力。2016年12月，全国高校思想政治工作会议强调，我们的高校是党领导下的高校，是中国特色社会主义高校。办好我们的高校，必须坚持以马克思主义为指导，全面贯彻党的教育方针。要坚持不懈传播马克思主义科学理论，抓好马克思主义理论教育，为学生一生成长奠定科学的思想基础。要坚持不懈培育和弘扬社会主义核心价值观，引导广大师生做社会主义核心价值观的坚定信仰者、积极传播者、模范践行者。高校思想政治理论课的目标和内容正是适应了上述任务和要求。同时，在高等学校各种教育活动中，课堂教学活动是最基本、最核心、最稳定的教育环节。它集中反映了人类文明的思维成果，是人类认识世界、改造世界智慧的结晶，具有强大的、理性的感召力和影响力，对人的素质的形成与发展起着奠基作用。思想政治理论课是直接为培养和提高学生的思想政治素质而设计的课程，作为理论化、系统化、科学化程度最高的"马克思主义理论"学科课程形态之一，它概括和浓缩了我国社会主义社会所积累和倡导的思想政治观念、道德规范、价值观念和行为模式，充分体现了马克思主义的基本原理及其中国化的最新成果，反映了社会主义意识形态教育的主导性要求，因而理应成为高校开展思想政治教育的主渠道和核心课程。

另一方面，高校思想政治理论课的不断改革与建设使得它能够胜任大学生思想政治教育主渠道的重任。中华人民共和国成立以来，高校思想政治理论课从初步确立到调整、巩固，再到改革、发展，其间虽然经历了一段曲折的历程，但其课程设置和教学内容仍然适应了当时形势和中心任务的需要；面对新的变化和新的情况，思想政治理论课也还存在着不尽适应和亟待解决的问题，但其主流和趋势仍是不断得到改进和加强。改革开放以后，高校思想政治理论课改革与建设进一步深化，先后形成了"85方案"、"98方案"和"05方案"，课程设置和内容体系不断调整、完善，中国特色社会主义理论体系进教材、进课堂、进学生头脑工作不断深入，马克思主义理论学科建设扎实推进，课程建设和教材建设取得成效，教学方式方法逐步改进，教师队伍建设得到加强。高校思想政治理论课在引导大学生坚定对马克思主义的信仰和对中国特色社会主义的信念、对改革开放和现代化建设的信心、对党和政府的信任等方面，发挥了重要的和积极的作用。

需要指出的是，对于高校思想政治理论课在大学生思想政治教育中的"主渠道"地位，要注意消除两种认识偏差：一是把思想政治理论课理解为"唯一渠道"，期望它在有限的课时内能够解决学生的所有思想困惑和问题，不恰当地抬高其地位和作用。二是认为思想政治理论课既然是主渠道，就应该加大学时比例。实际上，高校思想政治理论课作为大学生思想政治教育的"主渠道"，主要是从"质"而不是从"量"上来说的。邓小平特别强调"学马列要精，要管用"的原则，指出："毫无疑问，学校应该永远把坚定正确的政治方向放在第一位。但这并不是说要把大量的课时用于思想政治教育。学生把坚定正确的政治方向放在第一位，这不仅不排斥学习科学文化，相反，政治觉悟越是高，为革命学习科学文化就应该越加自觉、越加刻苦。"因此，充分发挥思想政治理论课的主渠道作用，必须保证一定的课程数量和学时比例。在此基础上，更重要的在于提升思想政治理论课课程设置的科学性、合理性和教育教学内容的先进性、时代性，在于增强思想政治理论课的针对性、实效性和说服力、感染力，在于提高思想政治理论课对其他教育渠道或途径的导向性、影响力以及相互之间同向同行的教育合力。

2.高校思想政治理论课是高等学校素质教育的灵魂所在

人的素质是由各种素质要素所构成的有机整体，可概括为思想政治素质、科学文化素质、专业能力素质、身体素质、心理素质、审美素质等。其中，身体素质、心理素质是人的素质的物质载体，科学文化素质和专业能力素质是人的素质的基本内容，思想政治素质是人的素质的灵魂所在，审美素质是人的素质的综合体现。

强调对青年学生进行思想政治理论教育，提高他们的思想政治素质，并把它喻为"灵魂"和"关键"，是党和国家一以贯之的思想。1957年2月，毛泽东曾经指出："不论是知识分子，还是青年学生，都应该努力学习。除了学习专业之外，在思想上要有所进步，政治上也要有所进步，这就需要学习马克思主义，学习时事政治。没有正确的政治观点，就等于没有灵魂。"改革开放以后，邓小平多次强调要用理想、纪律教育青年，"要加强各级学校的政治教育、形势教育、思想教育，包括人生观教育、道德教育。""青年人不了解历史，我们要用历史教育青年，教育人民。"1999年6月，江泽民在全国第三次教育工作会议上特别指出："思想政治教育，在各级各类学校都要摆在重要地位，任何时候都不能放松和削弱。要说素质，思想政治素质是最重要的素质。不断增强学生和群众的爱国主义、集体主义、社会主义思想，是素质教育的灵魂。"2005年1月，胡锦涛在全国加强和改进大学生思想政治教育工作会议上指出，大学生是国家宝贵的人才资源，是民族的希望、祖国的未来。"大学生的思想政治状况、道德品质、科学文化素质和健康素质不仅直接关系现阶段中华民族的素质，而且直接关系未来中华民族的素质。特别是大学生思想政治素质，更是直接关系到党和国家的前途命运。要使大学生成长为中国特色社会主义事业的合格建设者和可靠接班人，不仅要大力提高他们的科学文化素质，更要大力提高他们的思想政治素质。"2016年12月，习近平在全国高校思想政治工作会议上进一步强调，高校思想政治工作关系高校培养什么样的人、如何培养人以及为谁培养人这个根本问题。要用好课堂教学这个主渠道，思想政治理论课要坚持在改进中加强，提升思想政治教育的亲和力和针对性，满足学生的成长发展需求和期待。党和国家关于提高学生思想政治素质的指示精神，是高校深入开展思想政治理论课教育教学的重要指针。

教育是培养人和造就人的社会活动。坚持德智体美全面发展，培养中国特色社会主义事业的合格建设者和可靠接班人，是社会主义教育的最终目的，也是与社会主义前途和命运息息相关的重大教育命题。高等学校是培养高素质人才的摇篮，也是全面推进素质教育的重要基地。胡锦涛曾经指出："办好高校，首先要解决好培养什么人、如何培养人这个根本问题。""我国高校办得怎么样，我国高等教育事业发展得怎么样，首先要看培养出来的大学生是否合格，特别是思想政治素质是否合格。全国高校都要始终不渝地全面贯彻党的教育方针，坚持学校教育，育人为本，德智体美，德育为先，充分发挥大学生思想政治教育的主阵地、主课堂、主渠道作用，全方位推进大学生思想政治教育，多方面促进大学生全面发展，为培养造就一代新人做出贡献。"习近平也指出，我国高等教育肩负着培养德智体美全面发展的社会主义事业建设者和接班人的重大任务，必须坚持正确政治方向。高校立身之本在于立德树人。办好我们的高校，必须坚持以马克思主义为指导，全面贯彻党的教育方针。要坚持不懈传播马克思主义科学理论，抓好马克思主义理论教育，为学生一生成长奠定科学的思想基础。要坚持不懈培育和弘扬社会主义核心价值观，引导广大师生做社会主义核心价值观的坚定信仰者、积极传播者、模范践行者。因此，"培养什么人"、"怎样培养人"和"为谁培养人"的问题，是素质教育的核心问题，也是一切教育工作的出发点和落脚点。思想政治理论课作为对大学生进行思想政治教育的主阵地、主课堂、主渠道，承担的正是这一使命和重任。如果这方面的教育搞不好，其他方面的教育就会偏离正确的方向，就会失去前进的动力。只有摆正思想政治理论课在素质教育中的地位，充分发挥思想政治理论课在素质教育中的灵魂作用，才能真正回答高校立德树人的根本问题，从而保证我国高等教育的社会主义方向，为中国特色社会主义事业培养德智体美全面发展的高素质人才。

3. 高校思想政治理论课是我国社会主义精神文明建设的重要环节

邓小平指出："我们要建设的社会主义国家，不但要有高度的物质文明，而且要有高度的精神文明。所谓精神文明，不但是指教育、科学、文化，而且是指共产主义的思想、理想、信念、道德、纪律、革命的立场和原则，人与人的同志式关系，等等。"高校思想政治理论课在社会主义精神文明建设中处于基础性地位，是我国社会主义精神文明建设的重要环节。

（1）思想政治理论课与社会主义精神文明建设的目标相一致

改革开放以来，党和国家十分强调物质文明和精神文明一起抓的战略方针，并多次在党的重要会议上作出关于社会主义精神文明建设的重大决定。1986年9月28日，党的十二届六中全会专门作出《关于社会主义精神文明建设指导方针的决议》，明确了社会主义精神文明建设的战略地位，指出其根本任务是适应社会主义现代化建设的需要，培育有理想、有道德、有文化、有纪律的社会主义公民，提高整个中华民族的思想道德素质和科学文化素质。1996年10月10日，党的十四届六中通过了《中共中央关于加强社会主义精神文明建设若干重要问题的决议》，进一步明确了社会主义精神文明建设的指导思想和奋斗目标，即以马克思列宁主义、毛泽东思想和邓小平建设中国特色社会主义理论为指导，加强思想道德建设，发展教育科学文化，以科学的理论武装人，以正确的舆论引导人，以高尚的精神塑造人，以优秀的作品鼓舞人，在全民族牢固树立建设中国特色社会主义的共同理想，牢固树立坚持党的基本路线不动摇的坚定信念，培育有理想、有道德、有文化、有纪律的社会主义公民，提高全民族的思想道德素质和科学文化素质，团结和动员各族人民把我国建设成富强、民主、文明的社会主义现代化国家。2001年9月20日，中共中央印发了《公民道德建设实施纲要》，指出在新的历史条件下，从公民道德建设入手，在全民族牢固树立建设中国特色社会主义的共同理想和正确的世界观、人生观、价值观，在全社会大力倡导"爱国守法、明礼诚信、团结友善、勤俭自强、敬业奉献"的基本道德规范，努力提高公民道德素质，促进人的全面发展，培养一代又一代有理想、有道德、有文化、有纪律的社会主义公民。2006年10月，党的十六届六中全会审议通过的《中共中央关于构建社会主义和谐社会若干重大问题的决定》明确提出，要建设社会主义核心价值体系，形成全民族奋发向上的精神力量和团结和睦的精神纽带。马克思主义指导思想、中国特色社会主义共同理想、以爱国主义为核心的民族精神和以改革创新为核心的时代精神、社会主义荣辱观构成了社会主义核心价值体系的基本内容。要坚持把社会主义核心价值体系融入国民教育和精神文明建设全过程、贯穿现代化建设各方面。2007年10月，党的十七大报告指出，社会主义核心价值体系是社会主义意识形态的本质体现。要建设社会主义核心价值体系，增强社会主义意识形态的吸引力和凝聚力。2012年11月，党的十八大报告再次强调，社会主义核心价值体系是兴国之魂，决定着中国特色社会主义发展方向。要深入开展社会主义核心价值体系学习教育，用社会主义核心价值体系引领社会思潮、凝聚社会共识。倡导富强、民主、文明、和谐，倡导自由、平等、公正、法治，倡导爱国、敬业、诚信、友善，积极培育和践行社会主义核心价值观。2017年10月，党的十九大报告又一次提出：社会主义核心价值观是当代中国精神的集中体现，凝结着全体人民共同的价值追求，要以培养担当民族复兴大任的时代新人为着眼点，强化教育引导、实践养成、制度保障，发挥社会主义核心价值观对国民教育、精神文明创建、精神文化产品创作的引领作用，把社会主义核心价值观融入社会发展各方面，转化为人们的情感认同和行为习惯。高校思想政治理论课的指导思想和根本任务决定了它与社会主义精神文明建设的实质是一致的，是社会主义精神文明建设的重要途径和有机组成部分。中华人民共和国成立以来，尤其是改革开放以来，高校思想政治理论课始终体现和贯彻着社会主义精神文明建设的要求，坚持以马克思主义为指导，以培养"四有"新人、促进大学生全面发展为目标，引导学生树立崇高的理想信念，树立科学的世界观、人生观和价值观，对提高全民族的思想道德素质和形成良好的社会道德风尚发挥了重要的积极作用。

（2）思想政治理论课与社会主义精神文明建设的内容相协调

精神文明建设，包括思想道德建设和教育科学文化建设两个方面，渗透在整个物质文明建设之中，体现在经济、政治、文化、社会、生态的各个方面。教育科学文化建设所要解决的是整个民族的科学文化素质和现代化建设的智力支持问题。教育发达、科学昌明、文化繁荣既是物质文明建设的重要条件，也是提高整个中华民族思想道德水平和科学文化素质的基础。思想道德建设要解决的是整个民族的精神支柱和精神动力问题，因而是精神文明建设的灵魂，决定着精神文明建设的性质和方向，是精神文明建设的根本，对社会的政治经济发展有巨大的推动作用。任何社会稳定的国家，在通常情况下就是因为这个国家中的公民在思想道德方面有着较多的共同点。相反，如果一个国家的公民在思想道德上有相当大的差异，那么，这个国家就会发生战争、分裂，或者形成专制独裁的压迫者统治。因此，世界各国都要通过各种各样的途径和方式，对公民进行思想道德的教育和培养，使人们形成大致相同的国家观、民族观、世界观或价值观，以期达到国家的稳定和繁荣发展。社会主义思想道德建设的基本任务是：坚持爱国主义、集体主义、社会主义教育，加强社会公德、职业道德、家庭美德和个人品德建设，引导人们树立中国特色社会主义的共同理想和正确的世界观、人生观、价值观。思想道德建设的基本内容可以归纳为理想建设、道德建设和纪律建设三个方面。其中，理想建设是思想道德建设的核心，道德建设是思想道德建设的主体内容，纪律建设是思想道德建设的保证。高校思想政治理论课的内容集中反映了社会主义精神文明建设的核心特征。它涵盖了政治、经济、历史、伦理、法律等学科的主要内容，具有完整的教育教学体系，是对大学生进行思想政治教育的主渠道。它以理想信念教育为核心，深入进行马克思主义理论教育、社会主义核心价值观教育；以爱国主义教育为重点，深入进行弘扬和培育民族精神的教育；以基本道德规范为基础，深入进行公民道德教育；以大学生全面发展为目标，深入进行民主法治教育、集体主义和团结合作精神教育，以及人文素质和科学精神教育。由此可以看出，高校思想政治理论课的内容，完全与社会主义精神文明建设的任务和内容相协调。

（3）思想政治理论课与社会主义精神文明建设的重点相吻合

社会主义精神文明建设的根本任务是培养有理想、有道德、有文化、有纪律的社会主义公民，提高整个中华民族的思想道德素质和科学文化素质。其对象是全体公民，但重点是青少年。一方面，青少年一代是民族的希望、国家的未来。他们的思想道德素质直接关系到中华民族的整体素质，关系到国家的前途和命运。面对国际国内形势的深刻变化，面对新的历史任务，面对中华民族的伟大复兴，需要我们一代代的不懈努力，培养和造就千千万万具有高尚思想品质和良好道德修养的合格建设者和接班人。为此，"要帮助青少年树立远大理想，培育优良品德。各级各类学校都要全面贯彻党的教育方针，坚持社会主义办学方向，加强德育工作，努力培养德智体等方面全面发展的社会主义建设者和接班人"。另一方面，青少年的思想品德和价值观念正处于形成发展的过程中，具有较大的可塑性，该时期是他们进行思想道德建设的最佳时期。引导和帮助他们树立崇高的理想信念和正确的世界观、人生观、价值观，对于他们今后的健康成长有着积极、明显的促进作用。与此同时，随着我国改革开放的不断深入和科学技术的迅速发展，西方文化思潮、价值观念及某些腐朽落后的生活方式对青少年学生的影响和冲击不可低估，社会上一些不良因素危害着青少年的身心健康。在这种情况下，加强青少年思想道德建设就显得更加重要和紧迫。而思想政治理论课正是以青年学生为教育对象，以培养"四有"新人为根本目标，把大学生思想道德建设作为一项重大的战略任务和神圣使命。

二、高校思想政治理论课的任务分析

大学生是国家的宝贵财富。他们的素质，尤其是思想政治素质如何，是一件关系到他们能否成为社会主义事业合格的建设者和接班人，关系着党的事业是否后继有人，关系着国家能否长治久安，关系着全面建成小康社会和中华民族伟大复兴宏伟目标实现与否的大事。高校思想政治理论课肩负着对大学生进行系统的马克思主义理论教育的任务，是大学生思想政治教育的主渠道和主阵地，其目的在于帮助大学生树立正确的世界观、人生观和价值观，最直接、最集中和最真切地表现着思想政治教育的本体论价值意义。

1980 年 7 月，教育部印发的《改进和加强高等学校马列主义课的试行办法》指出："高等学校马列主义课的任务，是对学生进行马列主义、毛泽东思想的基本理论教育，帮助学生完整地、准确地理解马列主义、毛泽东思想的科学体系，提高社会主义觉悟，逐步树立无产阶级的科学的世界观，掌握科学的方法论，初步具有用马列主义的立场、观点和方法分析实际问题的能力，自觉地为社会主义现代化建设服务，为人民服务。"

1987年5月，中共中央印发的《关于改进和加强高等学校思想政治工作的决定》明确指出："高等学校培养出来的大学生、研究生，应当有坚定正确的政治方向，爱祖国、爱社会主义，拥护共产党的领导，努力学习马克思主义；渲染热心于改革和开放，有艰苦奋斗的精神，努力为人民服务，为实现具有中国特色的社会主义现代化而献身；渲染自觉地遵纪守法，有良好的道德品质；应当勤奋学习，努力掌握现代科学文化知识。还要从他们中培养出一批具有共产主义觉悟的先进分子。"

1993年2月，中共中央、国务院印发的《中国教育改革和发展纲要》指出："用马列主义、毛泽东思想和中国特色社会主义理论教育学生，把坚定正确的政治方向摆在首位，培养有理想、有道德、有文化、有纪律的社会主义新人，是学校德育即思想政治和品德教育的根本任务。"

1995年11月，国家教委发布的《中国普通高等学校德育大纲》指出："高等学校德育目标是：使学生热爱社会主义祖国，拥护党的领导和党的基本路线；确立献身于中国特色社会主义事业的政治方向；努力学习马克思主义，逐步树立科学的世界观、方法论，走与实践相结合、与工农相结合的道路；努力为人民服务，具有艰苦奋斗的精神和强烈的使命感、责任感；自觉地遵纪守法；具有良好的道德品质和健康的心理素质；勤奋学习，勇于探索，努力掌握现代科学文化知识，并从中培养一批具有共产主义觉悟的先进分子。"

2004年10月，中共中央、国务院发布的《关于进一步加强和改进大学生思想政治教育的意见》指出，加强和改进大学生思想政治教育的主要任务，一是以理想信念教育为核心，深入进行树立正确的世界观、人生观和价值观的教育；二是以爱国主义教育为重点，深入进行弘扬和培育民族精神的教育；三是以基本道德规范为基础，深入进行公民道德教育；四是以大学生全面发展为目标，深入进行素质教育，促进大学生思想道德素质、科学文化素质和健康素质协调发展，引导大学生勤于学习、善于创造、甘于奉献，成为有理想、有道德、有文化、有纪律的社会主义新人。

2005年2月，《中共中央宣传部、教育部关于进一步加强和改进高等学校思想政治理论课的意见》指出："马克思主义是我们立党立国的根本指导思想，是全党全国人民团结奋斗的共同思想基础。高等学校思想政治理论课承担着对大学生进行系统的马克思主义理论教育的任务，是对大学生进行思想政治教育的主渠道。充分发挥思想政治理论课的作用，用马克思列宁主义、毛泽东思想、邓小平理论和'三个代表'重要思想武装当代大学生，是党的教育方针的具体体现，是社会主义大学的本质特征，是党和国家事业长远发展的根本保证。"

2008 年 9 月，《中共中央宣传部、教育部关于进一步加强高等学校思想政治理论课教师队伍建设的意见》强调指出："进一步加强思想政治理论课教师队伍建设，提高教学水平，用中国特色社会主义理论体系武装大学生，用社会主义核心价值体系引领各种社会思潮，把他们培养成德智体美全面发展的社会主义建设者和接班人，对于全面实施科教兴国战略和人才强国战略，确保实现全面建设小康社会、加快推进社会主义现代化的宏伟目标，确保中国特色社会主义事业兴旺发达、后继有人具有十分重大而深远的意义。"

党和政府各部门的这些指导性文件和意见都对高校思想政治理论课教学的主要任务进行了集中的概括和说明，总结起来，主要包括以下几个方面。

第一，提升大学生的思想政治素质。这是高校思想政治理论课最主要的任务。马克思、恩格斯指出："统治阶级的思想在每一个时代都是占统治地位的思想。这就是说，一个阶级是社会上占统治地位的物质力量，同时也是社会上占统治地位的精神力量。"高校思想政治理论课具有思想政治导向和思想政治教育功能，它为大学生指明前进的方向，主要是通过提高学生的思想政治认知、强化学生的思想政治认同、激发学生的思想政治热情逐步培养学生的思想政治素质。首先，它促进了大学生形成正确的思想政治认知。邓小平曾经指出："学校应该把坚定正确的政治方向放在第一位。"

高校思想政治理论课具有明显的思想政治导向性，有助于大学生形成对党的路线、方针、政策和社会重大政治事件的正确认识。大学生虽然对日常的思想政治现象和活动有所接触，也学习过基本的思想政治理论知识，但其思想政治态度和政治识别力还处于不稳定状态，思想政治素养有待进一步提高。因此，其必须要通过高校思想政治理论课的系统学习，正确理解和坚定执行党的路线、方针和政策，形成符合党和国家要求、社会规范要求的思想政治认知和对国家路线、方针、政策的情感认同。其次，它能激发大学生的思想政治热情与兴趣。高校思想政治理论课在向学生传授政治、历史和道德等方面知识的同时，也增强了他们的公民意识，使他们明确自己的社会角色和责任，激发他们参与国家和社会事务的积极性。最后，实现对大学生思想政治素质的提升。大学阶段是大学生形成思想政治观的关键阶段，是学习思想政治知识、掌握思想政治技能、内化思想政治规范、形成思想政治态度、提高思想政治素养、完善思想政治人格的关键时期。因此，高校应通过高校思想政治理论课教学，深化大学生的思想政治认知和促进其思想政治认同、全面提升大学生的思想政治素质，从而培养和塑造一批社会主义事业的合格建设者和可靠接班人。

第二，传播先进文化的任务。高校思想政治理论课，一方面是对一定时期社会政治、经济、文化的总结与发展，另一方面要通过教育教学向学生传播先进文化，并在传播政治、经济、文化的同时，完成对社会文化的筛选、创新和变革，从而很好地完成文化的传承。不同历史时期所形成的思想政治观念会有差异，随着经济社会的不断发展，高校思想政治理论课要与时俱进，随着社会的发展变革而不断地改革创新，把新的内容不断补充进来，从马克思主义基本原理到毛泽东思想、中国特色社会主义理论体系，不仅内容日益丰富，更体现其发展的过程特点，在文化的发展中有效发挥传承作用。

第三，提高大学生的科学人文素质。高校思想政治理论课要实现其目的，必须以理论知识为依托，并辅以大量的相关信息，以帮助学生掌握哲学、历史、政治、经济、法律和伦理道德等方面的基本知识为基础，进而实现其根本任务。因此，高校思想政治理论课能够拓宽大学生的知识领域，优化知识结构，提高大学生的科学人文素质。

第四，提升大学生的综合能力。高校思想政治理论课课程内容主要包括马克思主义理论、思想品德与法律基础知识两部分，马克思主义理论课在整个课程体系中起着根本性与基础性作用。它注重启迪学生学习和掌握马克思主义基本理论，引导学生学习和掌握辩证唯物主义与历史唯物主义的基本立场、观点和方法，树立科学的世界观和方法论。高校思想政治理论课课程体系所包含的诸多课程，其核心是引导学生通过系统的理论学习，学会运用马克思主义的立场、观点和方法观察问题、分析问题和处理问题，提高理论联系实际的学习能力、实践能力和创新能力。

2019 年 8 月，中共中央办公厅、国务院办公厅印发实施的《关于深化新时代学校思想政治理论课改革创新的若干意见》指出要深入贯彻落实习近平新时代中国特色社会主义思想和党的十九大精神，贯彻落实习近平总书记关于教育的重要论述，特别是在学校思想政治理论课教师座谈会上的重要讲话精神，全面贯彻党的教育方针，解决好培养什么人、怎样培养人、为谁培养人这个根本问题，坚持不懈地用习近平新时代中国特色社会主义思想铸魂育人。

三、高校思想政治理论课教学的发展历程

高校思想政治理论课教育教学是中国共产党思想政治教育的重要组成部分。中华人民共和国成立以来，随着课程设置的调整，其名称也经历了一系列更替和变化。20 世纪 50 年代至 80 年代初，高等学校主要开设马列主义理论教育课程，先后称作"公共必修课""政治课""政治理论课""共同政治理论课""马列主义课""马列主义理论课"等。20 世纪 80 年代后，逐步增设思想品德课程，先后有"共产主义思想品德课""思想教育课""思想政治教育课""思想品德课"等称谓。20 世纪 90 年代初，马列主义理论课与思想品德课统称为"两课"。

纵观中华人民共和国成立以来高校思想政治理论课的历史发展，可大体划分为高校思想政治理论课的初步确立时期、曲折发展时期、恢复重建时期、改革发展时期和调整优化时期。

（一）高校思想政治理论课的初步确立（1949—1956 年）

1949 年 10 月 1 日，中华人民共和国成立，标志着我国新民主主义革命已经取得了基本胜利，但是民主革命的任务尚未彻底完成。中华人民共和国成立伊始，中国共产党面临着国内经济建设、文化教育发展和应对国外势力威胁等诸多重大问题。对于反映新的政治经济的文化教育来说，其性质是新民主主义的，即民族的、科学的、大众的文化教育。1949 年 9 月 29 日，具有临时宪法作用的《中国人民政治协商会议共同纲领》指出："人民政府的文化教育工作，应以提高人民文化水平，培养国家建设人才，肃清封建的、买办的、法西斯主义思想，发展为人民服务的思想为主要任务。""人民政府应有计划有步骤地改革旧的教育制度、教育内容和教学法。""给青年知识分子和旧知识分子以革命的政治教育，以适应革命工作和国家建设工作的需要。"根据"共同纲领"精神，重新规划、设置高校思想政治理论课乃是对旧教育体系进行根本性变革的一个重要方面。1949 年 10 月 8 日，华北人民政府高等教育委员会颁布了《华北专科以上学校一九四九年度公共必修课过渡时期实施暂行办法》，提出该年度一至四年级学生必修"辩证唯物主义与历史唯物主义（包括社会发展史）"和"新民主主义论（包括近代中国革命运动史）"，文、法、教育（或师范）学院毕业班学生必修"政治经济学"，并具体规定了每门课程的开课学期、每周学时和总学分。1949 年 12 月 30 日，在第一次全国教育工作会议上，时任教育部副部长钱俊瑞在总结报告中指出："对新区学校安顿以后的主要工作，是

有计划、有步骤地在教师和青年学生中进行政治与思想教育，其主要目的乃是逐步建立革命的人生观。"1950 年 10 月 4 日，教育部通报了全国高等学校暑期政治课教学讨论会情况，并针对"社会发展史"和"新民主主义论"的讲授重点不够明确的问题，对两门课的教学内容做了专门规定。

1951 年 9 月 10 日，教育部颁布《华北地区各高等学校 1951 年度上学期进行"辩证唯物论与历史唯物论"等课教学工作的指示》，明确指出"社会发展史""新民主主义论"和"政治经济学"三课目，是改造学生的思想，使其树立科学的世界观、革命的人生观和全心全意为人民服务的意识的最基本的课程。为了纠正政治课与业务课对立的错误认识和只有政治课才是进行思想政治教育的课目的不正确看法，该指示取消了"政治课"的称谓，同时规定在"社会发展史"一课目中增授"辩证唯物论"部分，改为"辩证唯物论与历史唯物论"，与"新民主主义论"及"政治经济学"同为独立的课目。三课目的开设着重讲授系统的马克思列宁主义、毛泽东思想，并应尽可能地联系中国的革命实际、建设实际和学生的思想实际，防止教条主义的倾向。

根据国家今后的政治任务及中华人民共和国成立后三年来全国高等学校政治理论课程教学实际情况的发展和要求，以及为了加强和提高学生的系统理论教育，1952 年 10 月，教育部对全国高校马克思列宁主义、毛泽东思想课程设置做出了统一部署，规定综合性大学及财经艺术等学院应依照一、二、三年级次序分别开设"新民主主义论""政治经济学"及"辩证唯物论与历史唯物论"，工、农、医等专门学院依照一、二年级次序分别开设"新民主主义论"和"政治经济学"；各类型高等学校及专修科（一年的专修科除外）准备自 1953 年起开设"马列主义基础课"，学习时数与"政治经济学"相同。

1953 年 6 月，鉴于"新民主主义论"与"政治经济学"和高级中学三年级已开设的"共同纲领"课程部分内容重复，中央人民政府高等教育部下发通知，决定自 1953 年起，将高等学校一年级开设的"新民主主义论"一律改为"中国革命史"，其讲授、课堂讨论和自学时数不变。开设"中国革命史"的教学目的，在于通过"五四"以来的基本史实，阐明马克思列宁主义在中国的新的胜利，系统地讲授毛泽东思想的基础知识，使学生认识中国政治的发展规律，了解中国革命的基本问题和中国共产党的总路线总政策，从而提高思想与政治水平，树立和巩固革命的人生观。

经过几年的努力探索，为了进一步提高教学质量，解决学生学习负担过重的问题，培养学生的独立思考能力，并使政治理论课能适当与专业结合，1956 年 9 月，高等教育部颁布《关于高等学校政治理论课程的规定（试行方案）》，正式将高校思想政治理论课规定为四门，即"马列主义基础""中国革命史""政治经济学"和"辩证唯物主义与历史唯物主义"，并具体规定了各系科开设的门数、学时及顺序。至此，高校思想政治理论课课程体系初步形成。

（二）高校思想政治理论课的曲折发展（1957—1976年）

1956年社会主义改造任务基本完成，标志着我国进入全面建设社会主义新时期。对青年学生进行思想政治教育，培养社会主义建设所需要的各类人才，是摆在我们党面前的一项重要任务。针对当时复杂的国际国内情势及知识分子和青年学生出现的思想波动，1957年2月，毛泽东发表了《关于正确处理人民内部矛盾的问题》的讲话，指出："在知识分子和青年学生中间，最近一个时期，思想政治工作减弱了，出现了一些偏向。在一些人的眼中，好像政治、祖国的前途、人类的理想，都没有关心的必要。好像马克思主义行时了一阵，现在就不那么行了。针对这种情况，现在需要加强思想政治工作。不论是知识分子，还是青年学生，都应该努力学习。除了学习专业课之外，在思想上要有所进步，政治上也要有所进步，这就需要学习马克思主义，学习时事政治。没有正确的政治观点，就等于没有灵魂。"为适应这一形势，高校思想政治理论课进行了相应调整。1957年12月，根据中共中央宣传部《关于设立社会主义教育课程向中央的报告》与中共中央对报告的批示，高等教育部、教育部联合下发了《关于在全国高等学校开设社会主义教育课程的指示》，规定"在全国高等学校各年级普遍开设'社会主义教育'课程，全体学生和研究生必须无例外地参加这次学习"。这一课程的学习内容以毛主席的《关于正确处理人民内部矛盾的问题》为中心教材，同时阅读一些必要的马克思列宁主义经典著作、党的文件和其他文件。其目的是使学生能够努力改造思想，提高社会主义觉悟。这一课程的学习时间暂规定为一学年。每周时间规定为8小时（课内时间不少于4小时），必要时得利用时事政策学习和党团活动的时间，社会科学系可适当增加时间。根据此规定，"各班级在学习社会主义教育课程期间，原应开的四门政治课一律停开"。开设社会主义教育课程，对大学生进行社会主义教育是完全必要的。但是，这一指示把理论学习与政治学习对立起来，用政治学习代替理论学习，高校思想政治理论课实际上被社会主义教育课程所代替，思想政治理论课正常的教学秩序被打乱，教学的连续性和相对稳定性受到破坏。

1958年9月，中共中央、国务院作出《关于教育工作的指示》，指出："党的教育工作方针，是教育为无产阶级的政治服务，教育与生产劳动相结合。""在一切学校中，必须进行马克思列宁主义的政治教育和思想教育，培养教师和学生的工人阶级的阶级观点（同资产阶级进行斗争）、群众观点和集体观点（同个人主义观点进行斗争）、劳动观点（同轻视体力劳动和体力劳动者，主张劳心劳力分离的观点进行斗争）、辩证唯物主义的观点（同唯心主义和形而上学的观点进行斗争）。"同时，文件还指出："在一切学校中，必须把生产劳动列为正式课程。每个学生必须依照规定参加一定时间的劳动。"

　　1959 年之后，正常的教学秩序逐步恢复，高校思想政治理论课也结束了只开一门"社会主义教育"课程的局面。1961 年 7 月，教育部对 1961—1962 学年度上学期高等学校共同政治理论课做出安排，要求各地参照 1961 年 4 月中央教材编选计划会议制定的《改进高等学校共同政治理论课程教学的意见》，研究下半年课程的开设。该意见明确提出高等学校共同政治理论课的教学任务是："向学生进行理论和实践统一的马克思列宁主义教育，帮助他们理解马克思列宁主义、毛泽东思想著作，了解党的路线、方针、政策；引导他们以马克思列宁主义基本原则为指导，去观察问题、研究学问和处理工作，不断向现代修正主义、资产阶级思想和其他反动思想的影响进行斗争。"为此，高等学校共同政治理论课程设置为"马克思列宁主义基础理论"和"形势与任务"两大部分。"马克思列宁主义基础理论"课程开设的门数和学时，在不同学制的学校、不同的专业有所不同。文科各专业一般设"中国共产党党史""马克思列宁主义基础（主要学习毛泽东同志的政治学说）""政治经济学"和"哲学"四门，教学时数不超过课堂教学总时数的 20%；理、工、农、医各专业和艺术、体育院校一般设"中国共产党党史""马克思列宁主义概论（包括马克思主义三个组成部分）"两门，教学时数不超过课堂教学总时数的 10%；专科学校一般设"马克思列宁主义概论"一门。"形势与任务"为各专业、各年级的必修课程，主要讲解国内外形势，党和国家的任务、方针、政策等，教学时数一般平均每周一至二学时。这一文件的颁布，成为恢复思想政治理论课程教学的重大举措，对前一阶段忽视课程教学、过分突出生产劳动和社会实践起到了"纠偏"的作用。与此同时，这一阶段思想政治理论课程的变化，还体现在对研究生政治理论课的规定上。随着研究生教育的进一步发展，1963 年 8 月，教育部试行《关于高等学校研究生政治理论课的规定（草案）》，规定高等学校研究生政治理论课包括"马克思列宁主义理论"和"思想政治教育报告"两门课程，并对研究生政治理论课的教学内容、学习时间、阅读书目、考试方式等做出了明确规定。

　　从总体上看，高校思想政治理论课经过 1961 年的恢复和几年的调整，获得了新的发展，教学秩序渐入正轨，课程体系逐步形成和相对稳定，教学内容日趋规范化和系统化，各门课程陆续编写出了教材，学习时间也有了较为合理的规定，研究生思想政治理论课开始试行。需要指出的是，这一时期高校思想政治理论课虽然基本保持了课程教学的稳定性和其主要的思想政治教育功能，但在指导思想上烙上了以阶级斗争为纲的痕迹，尤其是此后两年开始的"文化大革命"，更是凸显了这一点。

（三）高校思想政治理论课的恢复重建（1977—1984 年）

1977 年，全国高考制度得以恢复，高校思想政治理论课逐渐走上正轨。1978 年 4 月，教育部办公厅发布《关于加强高等学校马列主义理论教育的意见》，重新明确了马列主义理论课的目的和主要任务在于系统地对学生进行马克思主义三个组成部分的基本理论教育武装学生的头脑。规定高等学校的马列主义理论课程一般开设"辩证唯物主义与历史唯物主义"、"政治经济学"、"中国共产党党史"和"国际共产主义运动"四门课。这标志着在新的历史条件下，高校思想政治理论课开始全面恢复。

1978 年 12 月，党的十一届三中全会的召开，开启了我国改革开放的历史新时期。伴随着党的指导思想和工作重点的转移，以及真理标准的讨论和拨乱反正的全面开展，思想政治理论教育得到了高度重视。但是，由于"文化大革命"对人们思想的影响还没有肃清以及其他一些原因，高校思想政治理论课还存在不少问题，教师难教，学生不愿学。不仅理、工、农、医专业的学生重理轻文，忽视政治，对政治理论课不感兴趣，政教和党史专业的学生也不安心学习。为了摸清全国高校思想政治理论课的教学状况，总结经验，查找问题，克服困难，提高质量，教育部政治理论教育司于 1979 年对高校思想政治理论课的基本情况进行了专题调研，并于 5 月 20 日发表了《高等学校政治理论课的基本情况和存在问题》，提出了从政治理论课本身来看，必须研究解决的几个问题，包括政治理论课的性质、作用和任务问题，课程设置和教材问题，教师队伍的建设问题，以及加强领导和健全领导体制问题。

1980 年 7 月 7 日，教育部印发的《改进和加强高等学校马列主义课的试行办法》，成为新时期全面开展马列主义理论课程建设的新起点。该办法不仅进一步明确了新时期高等学校马列主义课的地位、任务和教学方针，而且对课程、学时、大纲和教材，教学制度、教学环节和教学方法，马列主义理论研究，马列主义教研室设置和任务，教师队伍建设，领导体制等均做出了具体的规定。该办法强调指出：我国高等学校开设马列主义课，对学生进行马列主义、毛泽东思想的基本理论教育，体现了社会主义高等学校的特点和优点……社会主义高等学校的性质和马列主义、毛泽东思想基本理论的指导作用，决定了马列主义课在整个高等教育中的重要地位。马列主义课的任务，是对学生进行马列主义、毛泽东思想的基本理论教育，帮助学生完整地、准确地理解马列主义、毛泽东思想的科学体系，提高社会主义觉悟，逐步树立无产阶级的世界观，掌握科学的方法论，初步具有运用马列主义的立场、观点和方法分析实际问题的能力，自觉地为社会主义现代化建设服务，为人民服务。根据实践经验和当时条件，该办法规定，全国高校本科开设"中国共产党党史""政治经济学""哲学"三门课。文科专业加开"国际共产主义运动史"课，也可试开"科学社会主义"课。二年制专科开设一至二门马列主义课，三年制专科开设二至三门马列主义课。理、工、农、医本科各专业的三门课，每门各为一学年，每周讲授2学时，全学年实际教学时数一般不少于70学时；文科本科专业的四门课，每门各为一学年，每周讲授3学时，全学年实际教学时数一般不少于105学时。此外，该办法强调，马列主义课在各类专业中，都是必修课，不能选修或免修。不及格的学生，必须进行补考。1984年9月4日，中央宣传部、教育部印发《关于加强和改进高等院校马列主义理论教育的若干规定》，提出："为了增强马列主义理论教育的现实性，现在着手准备在全国高等院校增设'中国社会主义建设基本问题'课程。"这为后来"85方案"中"中国社会主义建设"课程的开设做了铺垫。

1982年党的十二大之后，随着思想政治教育观念的转变和教育内容的拓展，根据党的十二大关于加强共产主义思想道德教育的精神，一部分高校尝试开设共产主义思想品德课，有计划地对学生进行爱国主义教育、革命人生观教育和共产主义道德品质教育，收到了良好的教育效果，并积累了初步的经验，得到了教育部的充分肯定。1982年10月，教育部下发了《关于在高等学校逐步开设共产主义思想品德课程的通知》，提出："为了使学生成为有革命理想、讲革命道德、守革命纪律、有文化的又红又专的人才，有必要把共产主义思想品德课作为一门必修课，纳入教学计划。各高等学校可根据本校的实际情况，逐步开设这门课程。"这一文件成为高校开设思想品德课的一个起点。1984年9月12日，教育部在总结前一阶段教学实践经验的基础上，印发了《关于高等学校开设共产主义思想品德课的若干规定》，正式将"共产主义思想品德"作为必修课纳入教学计划。该规定明确指出：共产主义思想品德教育，是高等学校学生思想政治教育的重要组成部分，其任务是对学生进行共产主义人生观和共产主义道德教育，针对学生普遍关心的有关人生、理想、道德等方面的问题，给予有说服力的回答，帮助学生逐步树立共产主义人生观，培养共产主义道德品质。"共产主义思想品德"课一般在低年级开设，同形势与政策教育一起，平均每周共 2 学时，其教学内容以教育部制定的《共产主义思想品德教学大纲（试用本）》为基本要求，同时结合本校实际情况和形势的发展，确定不同专业、不同年级的教学内容。此外，该规定还对"共产主义思想品德"课的教学原则、考核办法、师资建设、教学机构等提出了明确、具体的要求。此时，高校思想政治理论课实际上已包含了马克思主义理论课和思想品德课。

（四）高校思想政治理论课的改革发展（1985—2002 年）

随着我国改革开放的全面展开，中国特色社会主义现代化建设进入了一个新的发展阶段，高校思想政治教育面临的任务越来越重。与此同时，在对外开放过程中，一些西方社会思潮的涌入和传播对大学生产生了种种消极影响，也对高校思想政治理论课提出了诸多挑战和新的要求。为了适应我国社会主义现代化建设的需要，适应现代科学技术和现代经济政治的巨大变化，适应新时期青少年心理发展的具体状况，以及各方面改革的需要，我国现行的以马克思主义为指导的思想品德和政治理论课的课程设置、教学内容和教学方法也必须进行认真的改革。这已成为培养一代有理想、有道德、有文化、有纪律的建设人才的迫切任务之一。

1985 年 8 月 1 日，中共中央颁发《关于改革学校思想品德和政治理论课教学的通知》，对大、中、小学思想品德和政治理论课教育教学进行了统一规划和调整。对于高等学校马克思主义思想品德和政治理论课的主要内容和要求，该通知规定，大学要进行以中国革命史为中心的历史教育，使学生了解具有悠久的历史文化传统的中国，是怎样根据历史的必然走上以共产党为领导力量的社会主义道路的；进行马克思主义基本理论教育，使学生了解马克思主义的哲学历史学、经济学、政治学和科学社会主义等基本理论观点的历史渊源、主要内容和现代发展（包括在中国的运用和发展）；同时有分析有比较地介绍当代其他各种社会思潮，对错误的思潮要有分析地进行充分说理的批评，培养学生运用马克思主义对这些思潮进行鉴别和分析的能力；进行中国社会主义建设和改革的理论、政策和实际知识的教育，使学生了解我国党和人民正在进行的有世界意义的伟大事业和青年一代的密切关系。还应向学生介绍当代世界政治经济的基本状况、国际关系的基本知识，帮助学生开阔视野，使他们在对外开放的环境下有坚定的立场和较强的适应能力。该通知是 20 世纪 80 年代中期我们党和国家关于学校思想品德和政治理论课教育教学的重要指导性文件，为高等学校思想品德和政治理论课的改革与建设规定了方向。

中共中央颁发《关于改革学校思想品德和政治理论课教学的通知》后，许多省、自治区、直辖市和高等学校进行了传达、学习，并制定了贯彻落实的措施。国家教委也开展了一系列工作，如首先从"中国共产党党史"课的教学改革入手，明确了中国革命史课程的教学指导思想和"中国共产党党史"课改为"中国革命史"课的步骤、做法；委托清华大学举办"中国革命史"教学研讨班；与中宣部理论局共同组织编写"中国社会主义建设"课试用教材等。在此基础上，1986年3月20日，国家教委发出了《关于在高等学校进一步贯彻〈中共中央关于改革学校思想品德和政治理论课教学的通知〉的意见》，设想从1986年起，用三至五年的时间进行政治理论课教学改革工作，逐步开设"中国革命史""中国社会主义建设""马克思主义原理""世界政治经济和国际关系"四门课程，理、工、农、医类政治理论课的学时总计应不少于210学时，同时规定了各门课程具体的开设时间。改革开放以后高校思想政治理论课新课程方案——"85方案"由此诞生。

为了适应形势发展的需要，教育、引导大学生正确认识当前的形势和各项方针政策，调动广大大学生的积极性，1986年7月，中共中央宣传部、国家教委印发了《关于对高等学校学生深入进行形势政策教育的通知》，要求各高等学校及时了解学生的思想动态，采取多种形式，有针对性进行形势政策教育。同年9月，遵照1985年中共中央、国务院转发的《关于向全体公民基本普及法律常识的五年规划的通知》，国家教委下发了《关于在高等学校开设"法律基础课"的通知》，要求结合公共政治理论课"中国社会主义建设"讲授"社会主义民主与法制"，约为6学时；结合大学生的思想实际，利用形势任务教育时间开设法律基础知识专题讲座，可以集中在一个学期，也可集中与分散相结合，共30学时左右。

几年来的实践经验证明，针对学生普遍关心的形势、政策、人生、理想、道德、民主、法制、纪律等方面的问题，有计划地开设一些思想政治教育课程，在时间上、制度上加以保证，是必要的。为此，1987年10月20日，国家教委颁布《关于高等学校思想教育课程建设的意见》，规定设置如下五门课程："形势与政策""法律基础"两门为必修课，"大学生思想修养""人生哲理""职业道德"三门可因校制宜有选择地开设。这一文件的颁布实施，标志着思想品德课程作为一个课程体系的形成，马列主义理论课与思想品德课共同组成了高校思想政治理论课的教学体系。

20世纪80年代末90年代初，国际国内形势发生了深刻变化。为了更好地适应社会主义现代化建设的需要，培养和造就大批德才兼备的建设者和接班人，落实党中央关于把德育放在学校工作首位的指示精神，1991 年 8 月 3 日，国家教委在深刻反思历史、认真总结经验教训的基础上，下发了《关于加强和改进高等学校马克思主义理论教育的若干意见》，强调要继续按照 1985 年 8 月《中共中央关于改革学校思想品德和政治理论课教学的通知》的精神，积极进行教学改革。教学改革的重点是教学内容的改革，关键在于加强理论联系实际，把理论教育同国内外现实实际和学生的思想实际紧密地结合起来。为保证马克思主义理论教育任务的完成和教学内容改革的深入进行，课时做了适当增加。除时事政策学习和德育课程学时外，四年制本科课时，文科类为 350 学时，理、工、农、医类为 280 课时，大学专科二年制文理科均为 140 学时，三年制为 210 学时。根据意见要求，高校马克思主义理论教育的课程形式要相对稳定，四年制本科应继续开设"中国革命史"和"中国社会主义建设"课，各 70 学时；"马克思主义原理"课要在教学试点的基础上总结经验，继续完善，并定为 140 学时；文科类专业还应开设"世界政治经济与国际关系"课；二年制和三年制大学专科应分别开设二门或三门马克思主义理论课。

以邓小平 1992 年年初到南方视察时的谈话和党的十四大召开为标志，我国进入了加快改革开放和现代化建设、发展社会主义市场经济的新的历史阶段，高等教育的改革与发展也迈出了新的步伐。新的形势，既为高校思想政治理论课教育教学创造了良好的条件和机遇，也对高校思想政治理论课改革与建设提出了新的挑战和要求。1993 年 8 月 13 日，中组部、中宣部、国家教委《关于新形势下加强和改进高等学校党的建设和思想政治工作的若干意见》明确提出：马克思主义理论课和思想政治教育课（统称为"两课"）是学生思想政治教育的主渠道，是社会主义学校的本质特征之一。加强和改进"两课"教育是摆在我们面前的一项紧迫任务。"两课"要贯彻理论联系实际的方针和"少而精""要管用"的原则，以增强说服力和有效性为目标，以改进教学内容和方法为重点，注意相辅相成，深入进行教学改革。同时强调指出，各级党政教育部门和高校党政领导要重视和加强对"两课"教育工作的领导，把"两课"作为重点课程来建设；要将"两课"教学改革作为学校教学改革的重要组成部分，将"两课"教师队伍建设作为整个学校教师队伍建设的重要组成部分，把"两课"教育工作的状况作为评估学校工作和领导班子实绩的重要条件。

1994 年 8 月 31 日，中共中央颁发《关于进一步加强和改进学校德育工作的若干意见》，指出要"以邓小平同志建设中国特色社会主义理论作为学校马克思主义理论教育的中心内容"。这是我们党在新形势下关于学校德育工作的一个具有重要指导意义的文件，为深入进行"两课"教学改革和建设指明了方向。

为了贯彻落实这一文件精神，1995年10月24日，国家教委印发《关于高等学校马克思主义理论课和思想品德教学改革的若干意见》，进一步明确了"两课"教学的科学定位、根本目标和主要内容，再次指出"两课"教学要以中国特色社会主义理论为中心内容，进一步加强马克思主义理论教育，并规定四年制本科马克思主义理论教育仍设置"马克思主义基本原理""中国特色社会主义建设""中国革命史"三门课，文科类不少于250学时，理、工、农、医类不少于200学时；思想品德教育仍设置"思想道德修养""法律基础"和"形势与政策教育"三门课，教学时数不少于85学时。此外，文科类专业还应开设"世界政治经济与国际关系"课，二年制和三年制大专应分别开设二至三门马克思主义理论教育课程和思想品德教育课程。该文件提出："通过教学改革，逐步形成结构合理、功能互补的'两课'课程体系。""争取1997年形成全国高校'两课'新的教学方案，把'两课教学改革和建设进一步引向深入。"1995年11月23日，为贯彻落实中共中央《关于进一步加强和改进学校德育工作的若干意见》和《中国教育改革和发展纲要》，保证高等学校德育工作有效实施，国家教委颁布了《中国普通高等学校德育大纲（试行）》。这是我国第一部全面系统地指导高等学校德育工作的规范体系。为落实国家教委颁发的《关于高等学校马克思主义理论课和思想品德教学改革的若干意见》中提出的主要任务，遵照国家教委党组关于1996年"两课"改革要迈出重大步伐，要有可以操作的工作思路和方案的指示，1996年3月，国家教委社会科学司制订了《关于落实"两课"教学改革若干意见》几项重要工作的实施计划，强调"进一步推动邓小平同志建设中国特色社会主义理论进课堂、进教材工作"，"积极、稳妥地进行马克思主义理论课新课程设置方案的制定工作"。

1997年9月，党的十五大确立了将邓小平理论作为党的指导思想，写进了党章。党的理论创新和指导思想的与时俱进，对高校思想政治理论课教育教学提出了新的要求。把邓小平理论编成教材，进入课堂，武装大学生的头脑，成为"两课"课程体系和教学内容改革的迫切任务。1998年4月28日，中宣部、教育部下发通知，要求从1998年秋季开始，普通高校都要以"中国社会主义建设"课程为基础，开设"邓小平理论概论"课，并把"马克思主义原理"中"科学社会主义论"的课程内容和"中国革命史"中关于1956年以后的课程内容融合到这一课程中统一讲授。这标志着新课程方案的制定迈出了关键性的一步，并由此拉开了新课程方案改革的序幕。根据党的十五大精神和《中共中央关于进一步加强和改进学校德育工作的若干意见》，经报请党中央同意，1998年6月10日，中宣部、教育部印发《关于普通高等学校"两课"课程设置的规定及其实施工作的意见》，从专科、本科、研究生三个层次对高校"两课"课程设置进行了系统的设计和全面的规定，这就是思想政治理论课改革进程中的"98方案"。该方案将高校"两课"课程设置为：二年制专科马克思主义理论课包括"马克思主义哲学原理"（36学时）、"邓小平理论概论"（64学时），三年制专科马克思主义理论课包括"马克思主义哲学原理"（50学时）、"毛泽东思想概论"（60学时）、"邓小平理论概论"（60学时）；二年制和三年制专科思想品德课包括"思想道德修养"（40学时）、"法律基础"（28学时）。本科马克思主义理论课包括"马克思主义哲学原理"（54学时）、"马克思主义政治经济学原理"（理工类40学时；文科类36学时）、"毛泽东思想概论"（理工类36学时；文科类54学时）、"邓小平理论概论"（70学时）、"当代世界经济与政治"（文科类开设，36学时）；思想品德课包括"思想道德修养"（51学时）、"法律基础"（34学时）。硕士马克思主义理论课包括"科学社会主义理论与实践"（36学时）、"自然辩证法概论"（理工类开设，54学时）、"马克思主义经典著作选读"（文科类开设，72学时）。博士马克思主义理论课包括"现代科学技术革命与马克思主义"（理工类开设，54学时）、"马克思主义与当代社会思潮"（文科类开设，54学时）。此外，各层次各科类学生都要开设"形势与政策"课，平均每周1学时。1998年秋季，"98方案"新课程在全国高校普遍开设。从此，高校思想政治理论课进入新一轮的实施和建设阶段，教材建设、学科建设和队伍建设也呈现出积极发展的态势。

（五）高校思想政治理论课的调整优化（2002年至今）

党的十六大以后，我国进入全面建设小康社会和构建社会主义和谐社会的新的发展阶段，国际国内形势发生新的变化，大学生思想状况出现新的特点，马克思主义中国化研究向前推进，中国特色社会主义理论体系逐渐形成，高校思想政治理论课进入了一个改革深化和全面发展的新时期。

2001年7月1日，江泽民在庆祝中国共产党成立八十周年大会上的讲话中，全面阐述了"三个代表"重要思想的科学内涵。代表中国先进生产力的发展要求，就是党的理论、路线、纲领、方针、政策和各项工作，必须努力符合生产力发展的规律，体现不断推动社会生产力的解放和发展的要求，尤其要体现推动先进生产力发展的要求，通过发展生产力不断提高人民群众的生活水平；代表中国先进文化的前进方向，就是党的理论、路线、纲领、方针、政策和各项工作，必须努力体现发展面向现代化、面向世界、面向未来的，民族的科学的大众的社会主义文化的要求，促进全民族思想道德素质和科学文化素质的不断提高，为中国经济发展和社会进步提供精神动力和智力支持；代表中国最广大人民的根本利益，就是党的理论、路线、纲领、方针、政策和各项工作，必须坚持把人民的根本利益作为出发点和归宿，充分发挥人民群众的积极性、主动性、创造性，在社会不断发展进步的基础上，使人民群众不断获得切实的经济、政治、文化利益。

"三个代表"重要思想同马克思列宁主义、毛泽东思想和邓小平理论是一脉相承而又与时俱进的科学体系，是马克思主义在中国发展的最新成果。2002年11月，党的十六大把"高举邓小平理论伟大旗帜，全面贯彻'三个代表'重要思想，继往开来，与时俱进，全面建设小康社会，加快推进社会主义现代化，为开创中国特色社会主义事业新局面而奋斗"作为主题，把"三个代表"重要思想同马克思列宁主义、毛泽东思想、邓小平理论一道确立为我们党长期坚持的指导思想，这对高校特别是"两课"教育教学用科学理论武装大学生头脑提出了新的更高的要求。为全面贯彻党的十六大精神，进一步深化"三个代表"重要思想进教材、进课堂、进大学生头脑的"三进"工作，2003年2月，教育部发出通知，将"邓小平理论概论"课调整为"邓小平理论和'三个代表'重要思想概论"课。各高校从2003年秋季开学开始，应普遍开设"邓小平理论和'三个代表'重要思想概论"课。有条件的高校可在2003年春季开学后开始实行。支持、鼓励"两课"教育教学条件和基础较好的高校，进行单独形态开设"'三个代表'重要思想概论"课试点。其他思想政治理论课要全面渗透"三个代表"重要思想，将"三个代表"重要思想的基本精神和主要观点与各门课程的学科内容有机结合起来。

2004年1月5日，中共中央颁发了《关于进一步繁荣发展哲学社会科学的意见》，提出了在全面建设小康社会、开创中国特色社会主义事业新局面、实现中华民族伟大复兴的历史进程中，繁荣发展哲学社会科学的重大意义、指导方针、总体目标和主要任务，做出了实施马克思主义理论研究和建设工程的重大决策，指出："要进一步推动邓小平理论和'三个代表'重要思想进教材、进课堂、进大学生头脑。要进一步改进邓小平理论和'三个代表'重要思想的教学工作，增强马克思主义理论课的吸引力和感染力。要抓好马克思主义理论师资队伍建设，着力培养一批中青年马克思主义理论教学骨干。"

2004年8月26日，中共中央、国务院颁发的《关于进一步加强和改进大学生思想政治教育的意见》，成为新形势下指导大学生思想政治教育的纲领性文件。该意见深刻分析了加强和改进大学生思想政治教育的重大意义及面临的形势和任务，全面阐述了加强和改进大学生思想政治教育的指导思想、基本原则、主要任务、有效途径、师资建设、保障机制等，并对发挥高校思想政治理论课在大学生思想政治教育中的主渠道作用，提出了明确的要求，指出："要按照充分体现当代马克思主义最新成果的要求，全面加强思想政治理论课的学科建设、课程建设、教材建设和教师队伍建设，进一步推动邓小平理论和'三个代表'重要思想进教材、进课堂、进大学生头脑。要联系改革开放和社会主义现代化建设的实际，联系大学生的思想实际，把传授知识与思想教育结合起来，把系统教学与专题教育结合起来，把理论武装与实践育人结合起来，切实改革教学内容，改进教学方法，改善教学手段。要加强对思想政治理论课的宏观指导，采取有力措施，力争在几年内使思想政治理论课教育教学情况有明显改善。"

应当肯定，改革开放以来，特别是党的十三届四中全会以来，高校思想政治理论课教育教学取得了很大成绩。邓小平理论和"三个代表"重要思想进教材、进课堂、进学生头脑工作不断深入，学科建设扎实推进，教材建设取得成效，教学方式方法逐步改进，教师队伍建设得到加强。高校思想政治理论课在引导大学生坚定对马克思主义的信仰、对社会主义的信念，增强对改革开放和现代化建设的信心、对党和政府的信任等方面，发挥了重要的作用。然而，国际国内形势的新变化对高校思想政治理论课教育教学也提出了新的任务和要求。世界多极化和经济全球化的趋势在曲折中发展，科技革命日新月异，综合国力竞争日趋激烈。各种思想文化相互激荡，西方敌对势力加紧对我国实施西化、分化的政治图谋。我国改革开放进一步深入，社会成分、组织形式、就业方式、利益关系和分配方式日益多样化。如何引导大学生正确认识当今世界错综复杂的形势，把握国际局势的发展变化和人类社会发展趋势；如何引导大学生正确认识国情和社会主义建设的客观规律，增强在中国共产党领导下全面建设小康社会、加快推进社会主义现代化的自觉性和坚定性；如何引导大学生正确认识肩负的历史使命，努力成为德智体美全面发展的中国特色社会主义事业的建设者和接班人，是必须认真研究解决的重大而迫切的课题。

面对新的变化和新的情况，高校思想政治理论课教育教学还存在诸多亟待解决的问题，如学科建设基础比较薄弱，课程内容重复，教材质量参差不齐，教学方式方法比较单一，教学的针对性、实效性不强，教师队伍数量不足，素质有待提高，优秀中青年学术带头人缺乏等。为贯彻落实中共中央、国务院颁发的《关于进一步加强和改进大学生思想政治教育的意见》，切实改善高校思想政治理论课的教育教学状况，经党中央同意，2005年2月7日，中共中央宣传部、教育部联合下发了《关于进一步加强和改进高等学校思想政治理论课的意见》，提出了加强和改进高校思想政治理论课的指导思想和总体要求，并对高校思想政治理论课课程设置进行了重大调整。该意见指出："科学的课程设置是加强和改进思想政治理论课教育教学的基本环节。高等学校思想政治理论课课程设置，要体现马克思主义与时俱进的理论品格，更好地适应时代发展的要求；要突出重点，更好地吸收理论和实践发展的最新成果；要更好地用马克思主义理论武装大学生头脑。""要以毛泽东思想、邓小平理论和'三个代表'重要思想为中心内容，完善思想政治理论课课程体系。"据此，形成了高校思想政治理论课课程设置"05方案"。

为了做好《关于进一步加强和改进高等学校思想政治理论课的意见》的实施工作，2005年3月2日，《中共中央宣传部、教育部关于进一步加强和改进高等学校思想政治理论课的意见实施方案》对高校思想政治理论课"05方案"的课程设置、基本内容和时间安排等做出了更为具体的规定。在"05方案"中，四年制本科的课程设置为四门必修课，包括"马克思主义基本原理"（3学分），"毛泽东思想、邓小平理论和'三个代表'重要思想概论"（6学分），"中国近现代史纲要"（2学分），"思想道德修养与法律基础"（3学分）。另外，开设"当代世界经济与政治"等选修课。专科课程设置为2门必修课，包括"毛泽东思想、邓小平理论和'三个代表'重要思想概论"（4学分），"思想道德修养与法律基础"（3学分）。本、专科学生都要开设"形势与政策"课（本科2学分，专科1学分）。

党的十六大以来，党中央坚持以邓小平理论和"三个代表"重要思想为指导，根据新的发展要求，集中全党智慧，提出了以人为本、全面协调可持续发展的科学发展观。科学发展观，是对党的三代中央领导集体关于发展的重要思想的继承和发展，是马克思主义关于发展的世界观和方法论的集中体现，是同马克思列宁主义、毛泽东思想、邓小平理论和"三个代表"重要思想既一脉相承又与时俱进的科学理论，是我国经济社会发展的重要指导方针，是发展中国特色社会主义必须坚持和贯彻的重大战略思想。2007年10月，党的十七大提出了中国特色社会主义理论体系的重大命题，并将科学发展观与邓小平理论、"三个代表"重要思想一起，列入该理论体系，作为党的指导思想，一并载入党章。为贯彻落实党的十七大精神，2008年8月，教育部办公厅发出通知，决定自2008年秋季学期开始，将高校思想政治理论课"毛泽东思想、邓小平理论和'三个代表'重要思想概论"课程名称调整为"毛泽东思想和中国特色社会主义理论体系概论"。2009年3月，教育部办公厅又发出了《关于在高校思想政治理论课中开展科学发展观专题教育活动的通知》，要求高校思想政治理论课特别是"毛泽东思想和中国特色社会主义理论体系概论"课，要尽快对教学计划适当调整，安排相应的教学活动，包括组织专题讨论、演讲比赛、征文活动等，强化科学发展观理论教育。

2012年11月，中国共产党第十八次全国代表大会在北京召开。党的十八大是我国在进入全面建设小康社会关键时期和深化改革开放、加快转变经济发展方式攻坚时期召开的一次十分重要的会议，对于党团结带领全国各族人民继续全面建设小康社会，加快推进社会主义现代化建设，开创中国特色社会主义事业新局面具有深远意义。学习研究和贯彻落实党的十八大精神是高校思想政治理论课建设的一项重要任务。2013年2月，教育部社科司下发《高校思想政治理论课贯彻党的十八大精神教学建议》，对四门思想政治理论课主干课程贯彻落实十八大精神提出具体教学建议，并着手组织对高校思想政治理论课本专科课程教材和研究生课程教学大纲的修订工作。2015年7月，《关于高校思想政治理论课2015年修订版教材和教学大纲使用的通知》正式下发，要求自当年秋季起，各高校统一使用由中宣部、教育部组织修订的，由高等教育出版社出版的高校思想政治理论课2015年修订版教材和教学大纲。新的教学大纲充分体现了十八大以来党的理论创新成果，具有很强的科学性、理论性和严肃性。

2017年10月18日，在中国共产党第十九次全国代表大会上习近平总书记首次提出"新时代中国特色社会主义思想"；10月24日，大会通过了关于《中国共产党章程（修正案）》的决议，习近平新时代中国特色社会主义思想写入党章。为深入学习贯彻党的十九大精神，深入推动习近平新时代中国特色社会主义思想进教材、进课堂、进大学生头脑，2017年12月，教育部决定在教育系统开展学习贯彻党的十九大精神"万个示范课堂"活动。高校主要通过打造思想政治理论课骨干教师"名师示范课堂"，确保在教育教学中充分体现习近平新时代中国特色社会主义思想，引导教职员工和广大学生牢固树立"四个意识"，坚定"四个自信"，坚持"四个服务"，把思想统一到党的十九大精神上来，把力量凝聚到党的十九大确定的各项任务上来。

四、高校思想政治理论课教学的现状

改革开放尤其是"05方案"执行以来，我国高校思想政治理论课教学从总体上呈良好态势，但仍然存在不足，需要改进的地方也很多。随着高等教育综合改革、深层改革时代的到来，思想政治理论课改革创新的空间还很大。

（一）高校思想政治理论课教学取得的成绩

随着马克思主义理论一级学科的设置，思想政治理论课教学取得了长足进步，并积累了宝贵的经验。以学科建设为支撑的课程体系，综合、立体的教材体系，理论与实践相结合的教育体系，多元立体的教学、考试方法改革为高校思想政治理论课进一步发展和创新奠定了坚实的基础。

1. 构建了以学科建设为支撑的课程体系

1984年我国设置思想政治教育学科。在"05方案"前，我国在本科设置"思想政治教育"专业；在硕、博研究生设置"马克思主义理论与思想政治教育"二级学科，与"科学社会主义与国际共运""中共党史党建"等研究马克思主义理论的二级学科共同置于"政治学"一级学科下。另外，"哲学"一级学科下有"马克思主义哲学"二级学科，"理论经济学"一级学科下有"马克思主义政治经济学"二级学科。虽然研究马克思主义理论的相关学科较多，但是没有从整体上研究马克思主义及其发展规律的学科。马克思主义是一个整体，中国化的马克思主义是马克思主义同中国革命、建设和改革实践相结合的产物，从整体上研究马克思主义理论符合马克思主义的演进规律，对于整体推进中国特色社会主义理论和实践的发展有极其重要的意义。

马克思主义理论一级学科的设置，对思想政治理论课教学也意义重大。首先，统编教材确保了教材质量。"05方案"后，高校四门思想政治理论课必修课统一使用由高等教育出版社出版的马克思主义理论研究和建设工程重点教材，"形势与政策"课统一使用教育部高校思想政治理论课教学指导委员会印发的教育教学要点。除统编教材外，马克思主义理论研究和建设工程还出版《教师参考书》《学生辅学读本》《疑难问题解析》等教材配套用书。其次，课程之间的整体性增强。四门课程相互支撑，"原理"课讲述马克思主义理论，"纲要"课讲述近现代历史，"概论"课是理论、历史与现实的结合，"基础"课是理论学习的升华。最后，课程与学科建设的联系增强。四门必修课与马克思主义理论一级学科下各二级学科一一对应，形成了教学转化为科研，科研促进学科建设，学科建设再支撑教学的良性循环。

2. 形成了多元立体的教学、考试方法改革趋势

《中共中央、国务院关于进一步加强和改进大学生思想政治教育的意见》指出："要全面加强校园网的建设，使网络成为弘扬主旋律、开展思想政治教育的重要手段。"为贯彻落实这一精神，马克思主义理论学者、高校思想政治理论课教师展开了对网络环境下思想政治理论课新教学模式的实践。第一，运用

网络教学技法，丰富了思想政治理论课的教学手段。较早的实践重视对电子教案、多媒体等教学手段的运用，近年来更多思想政治理论课教师运用慕课、微课、网络教学平台等实现思想政治理论课教学手段的创新。第二，探索了符合互联网时代要求的思想政治理论课教学模式，如依赖于网络和社会实践的立体多元的思想政治理论课教学模式、多元化的考试方式。在 2014 年南京师范大学召开的高校思想政治理论课教学改革高层论坛中，与会专家针对运用网络教学平台推进思想政治理论课教学提出了方案，如张雷声提出了建立多元立体的教学方式方法，实现课堂教学和实践教学、课堂讲授和网络平台、教师讲授和学生自学"三个一体化"。第三，普遍适应了互联网时代对思想政治理论课教学模式创新提出的要求，即立体教学、多元目标、研究性学习等。

思想政治理论课教学改革在"互联网＋"时代面临新的内容和趋势。2015年 3 月 5 日上午的十二届全国人大三次会议上，李克强总理在《政府工作报告》中首次提出"互联网＋"行动计划，意在将互联网创新成果融入经济社会各领域中，重塑传统行业的结构、模式，从而形成新的创新驱动。教育作为传统行业与互联网相加，也必将产生教学改革新的驱动力，从而形成新的教学模式。

因此，构建"互联网＋"思想政治理论课教学模式是思想政治理论课在新阶段教学改革的重要方向。思想政治理论课承载着对学生知识、能力、信仰、道德培养的多重任务。传统的思想政治理论课教学以教师为主体，重视理论灌输，教学方法、内容、手段、目标单一，教学空间单调，已受到"互联网＋"时代的巨大挑战。"互联网＋"思想政治理论课教学改革可以在以下两方面深化：第一，借助网络教学平台、慕课、微课等手段，使互联网与教学深度融合，变传统"传递—接收"的单向灌输式的思想政治理论课教学模式为自主学习、目标多元、时空立体、师生双向互动的混合教学模式。第二，利用互联网资源共享、信息互通，加快推进马克思主义理论教学与科研、学科建设的结合。

3. 打造了一支高水平的思想政治理论课教师队伍

一个学校能不能为社会主义建设培养合格的人才，关键在于教师团队的培养。2005 年 11 月 10 日，胡锦涛在中央政治局学习会上的讲话中，提出要建设一支政治强、业务精、作风正的马克思主义理论队伍，包括马克思主义理论大家、各学科各专业的领军人物和有志于从事马克思主义理论研究的后备人才。2008年中共中央宣传部、教育部在《关于进一步加强高等学校思想政治理论课教师队伍建设的意见》中，对思想政治理论课教师提出了基本要求。坚持正确的政治方向，新任教师原则上应是中国共产党党员；有扎实的马克思主义理论基础和相应的教学水平、科研能力，新任教师应具备相关专业硕士以上学位；政治原则、政治立场和政治方向要与党中央保持一致。在党和国家对马克思主义理论课人才培养的重视下，马克思主义理论一级学科博士点、硕士点为高校思想政治理论课教师输送了大量人才，充实了思想政治理论课专职教师队伍。同时，各高校学科骨干成为思想政治理论课教学骨干，院校领导参与思想政治理论课教学，并为一线教师提供经验和指导，青年教师教学效果提高较快。在提高思想政治理论课教师素养上，我国推进国家示范培训、省级分批轮训、学校全员培训的三级培训体系，实现全员培训的目标。此外，马克思主义理论研究和建设工程，"精彩一课"，各省、市高校主管部门和各高校的"教学技能大赛""精品课"等鼓励和促进了青年教师提高教学技能。

（二）高校思想政治理论课教学存在的问题

思想政治理论课教学还需更新教学观念，强化贴近实际、贴近生活、贴近群众的"三贴近"原则，重视实践教学，提高教学效果，增强学科建设意识。

1. 教学观念需更新

主体和客体是实践的一对基本范畴。思想政治教育的主体组织、实施和控制整个教学过程，起着支配作用。在传统的思想政治理论课教学中，教师是主体，处于支配地位。教师在教学过程中表现出极强的主体性，提升着学生的思想道德水平，使学生的思想、行为达到预定标准。与其他实践客体不同的是，教育的客体是有意识、有思想、有情感的人，具有主观能动性。在受教育的过程中，客体并不是被动的，而是与主体形成教学相长的关系。学生在学习中，一方面，客体有着提升自身知识水平和道德素质的内在动力。客体在接受知识、信息时，并不是盲目的，而是有目的、有意识、有选择性地学习未来发展所需的内容，逐步与自身原有的价值融合。另一方面，客体通过与主体双向沟通、主动接受，影响主体的教学活动，甚至提升主体的思想道德素质。因此，教育的过程也是受教育的过程，主客体的地位表现出相对性。

观念是行动的先导。现代教育倡导"以人为本"，"以人为本"要探寻人的根本，即人存在、发展的起点和基础、目的和归属。从这一角度而言，"以人为本"是价值目标，要体现人类社会实践活动的目的性和能动性，在实践活动中尊重人的创造性，体现对人的终极关怀，促进人自由而全面的发展这个终极目标的实现。思想政治理论课教学贯穿"以人为本"的理念，应提升学生在学习过程中的主体性，发挥其能动性，尊重其创造性，体现对其关怀，为实现人的自由而全面的发展创造条件。具体而言，思想政治理论课教学要从以下几方面努力，使"以人为本"的教育理念得以体现：第一，为学生创造自主学习机会，挖掘学生学习的内在动力。教师要改变"满堂灌"的教学方式，设置案例讨论、学术研究、时政论坛等形式，使学生充分发挥主观能动性，表达内在精神需求。第二，引导学生用理论解决现实困惑。思想政治理论课虽不是解决现实问题的灵丹妙药，但是可以提供解决问题的思路和方法。教师要引导学生深化理论，在自我意识的发展上实现超越，从而直面现实，解决困惑。第三，尊重个体差异。马克思曾说："人们的社会历史始终只是他们个体发展的历史，而不管他们是否愿意意识到这一点。"思想政治理论课在尊重马克思主义意识形态引领地位的基础上，包容、尊重学生由成长经历造成的个体差异性，使学生在情感上产生共鸣。

2. "三贴近"原则有待加强

我国教育的总体目标是培养德智体美劳全面发展的社会主义合格建设者和可靠接班人。高校思想政治理论课与专业课共同肩负着这一职责。思想政治理论课在性质和功能上与一般理论课又有所不同，它是实现大学生政治社会化的基本途径，因此，高校思想政治理论课既要体现社会发展对大学生的要求，又要与大学生成长成才的需要相契合。"三贴近"原则，即贴近实际、贴近生活、贴近群众是宣传思想战线改进和加强自身工作的一条重要指导原则，也是高校思想政治理论课教学的重要原则。在当前的思想政治理论课教学中，理论与实践脱节的现象较严重，并在教学中表现出三种倾向：第一，重知识讲授，轻政治素养的培养。教师对思想政治理论课与一般理论课不加区分，将思想政治理论课当作专业课讲授。在教学中只重视理论逻辑，既忽略社会现实，又忽略大学生的思想实际；在考核中，只注重考试成绩，忽略学生思想、行为的进步。第二，重教学氛围，轻理论讲解。教师把思想政治理论课当作趣味性、生活化的课程，在教学中忽略理论的重要性，在考试中淡化理论测试。第三，为达到理论与实际相结合的目的，"生拉"理论去"硬套"现实。不准确、缺乏说服力的现实案例不仅会影响理论的科学性，还会破坏思想政治理论课的正面影响力。

3. 实践教学流于形式

2008年，《中共中央宣传部、教育部关于进一步加强高等学校思想政治理论课教师队伍建设的意见》提出，要从本科思想政治理论课现有学分中划出2个学分，从专科思想政治理论课现有学分中划出1个学分开展本专科思想政治理论课实践教学，以充分的制度、条件和环境保障社会实践不流于形式。按照这一学分要求，以教育部规定的学时比例进行划分，2个学分折合36课时。这意味着四门必修课共需要完成 36 课时的社会实践。从社会实践开展的实际情况看，各高校主要采取课程社会实践的方式，在课堂教学中穿插社会实践环节，以简单的课堂讨论、学生写读书笔记、小论文等形式完成社会实践任务；也有部分高校通过缩减四门必修课课时，设置 36 课时的"思想政治理论实践课"，从整体上对学生的社会实践活动进行指导和管理。"长江师范学院"采取设置"思想政治理论实践课"的方式完成社会实践。他们从学生专业特长出发，如通过舞台剧的形式，对音乐学院学生社会实践进行考核，获得了较好的实践效果。

然而，多数高校不能确保高质量地完成社会实践教学环节。原因有三：一是思想政治理论课是大学生的必修课，大班授课学生人数多，统一开展社会实践的难度很大；二是社会实践经费有限，限制了社会实践活动开展的形式；三是社会实践资源整合力度不够，学生实践很难得到学校和社会的支持，"大思政"的教育观念和环境仍需努力建设。多数高校采取学生分散社会实践，教师集中检查的方式，社会实践质量难以保证。即使有高校进行教师指导下的集中社会实践，但受经费、基地的约束，绝大多数学生也不能亲身参与，因此其发挥的作用极其有限。

4. 教学效果有待提高

第一，教师队伍在数量上的不足影响整体教学质量。2015 年 7 月中央宣传部、教育部印发《普通高校思想政治理论课建设体系创新计划》，再次强调本科和专科院校应配足配强专职教师。从各高校的实际情况看，绝大多数高校难以达到这个水平。由于数量不足，思想政治理论课教师疲于应付巨大的工作压力，教学效果堪忧。思想政治理论课教师长期从事繁重的教学工作，也不利于科研工作的开展，从长远看影响个人、单位和学科的发展。有的高校由于教师数量不足，不重视思想政治理论课教师的任课资格，认为其他学科的教师、辅导员、教学管理人员都可以从事教学，因此安排大量的兼职教师充实思想政治理论课教学队伍。兼职教师教学水平参差不齐，且无法保证参加统一的学习培训、教研活动，在授课水平上与专职教师存在明显的差距。

第二，大班授课影响教学效果。由于总体师资欠缺，多数高校思想政治理论课采取大班教学的方式。高校思想政治理论课承载着情感教育的价值目标。大学生的人生观、价值观尚不稳定，情绪敏感，渴望在与成人的情感交流中获得尊重和提升。大班教学的方式使一名教师同时面对上百名学生，教师难以根据学生的特点因材施教，更谈不上对学生的心灵关怀。大班授课容易停留于枯燥无味的道德说教上，使师生之间产生无形的隔阂。学生会认为思想政治理论课是"说教"，可以机械背诵理论教条来获取学分；教师会认为学生冷漠、难以沟通，向学生关闭情感的大门。思想政治理论课教师要通过晓之以理、动之以情的方式，培养大学生的世界观、人生观和价值观，教师的人格力量、个人经历、情感交流在授课过程中起到潜移默化的作用。大班授课大大减弱了思想政治理论课的人性感染力，使情感沟通变得困难。大班授课也是影响教学改革的重要因素。由于学生人数过多，课堂讨论、分组活动通常难以进行。

5. 学科建设意识淡薄

学科建设是教师队伍建设的关键环节。马克思主义理论一级学科建设的关键任务是为高校思想政治理论课提供有力的学理支撑，使其向科学化的方向发展；营造思想政治理论课教师的学科归属感，为教师教学、科研素质的提升，学历、职称的晋升提供阵地。马克思主义理论一级学科设立以来，在提升思想政治理论课教师的学历、职称、科研能力等方面发挥着重要作用。但由于部分思想政治理论课教师并不重视学科建设，认为学科建设是教授、专家的任务，甚至仅仅将工作定义为"教书匠"，极少参与学科建设工作。教学、科研与学科建设是相得益彰的。教学内容的研究、教学改革的探讨可以形成科研成果，科研成果又支撑学科建设，学科建设平台越完善，就越能为教学提供理论支撑。目前，高校思想政治理论课青年教师学历高，对自身发展很重视，但普遍存在教学经验不足、学科建设意识淡薄的问题。年龄偏大的教师则教学经验丰富，但科研和学科建设动力不足。因此，学科建设与教学、科研相脱节，出现专家、教授搞学科建设，中老龄教师重教学，青年教师重科研的现象。学科建设意识淡薄的现状会带来两方面的后果：一是各自为政的状况为组建良好的教学、科研团队带来阻力；二是单兵作战不利于学科方向的凝练，使学科建设处于被动局面。

第二节 高校思想政治理论课教学出现的质量问题

一、课堂教学效果不明显

（一）教学模式缺乏创新性

长期以来，高校思想政治理论课的教学模式并未被充分重视，只停留在说教式的思维中，使得其教学模式在采用时出现了陈旧而缺乏创新性的特点。任课教师在教学时的表现往往生硬而刻板，并不重视对多种教学模式的合理借鉴和运用。由于教学过程中所能容纳信息量的有限性，这样的教学模式往往难以呈现出更加完美的教学效果。随着时代的不断演进，各种包含科学技术的电子设施广泛出现，很多课程在教学过程中都有意识地采用了这种利用电子设施辅助教学的教学模式。但思想政治理论课在教学形式的选取上明显比不上高校内开设的其他课程。除不采用高新教育技术外，主动探索科学教学手段下师生互动式课堂教学形式的思想政治理论课教师更加欠缺。由于课时和精力分配有限等原因，教师往往容易忽略与学生进行教学互动。

除此之外，现阶段绝大多数高校的思想政治理论课仍以大课教学的形式开展，这也间接地使得课堂教学的互动环节因学生数量过多而无法正常进行。还有的高校思想政治理论课教学设施和单项教学条件比较落后，难以实现多元化教学的开展，鉴于此，便难以实现教学模式的科学化，从而使得教学效果减弱。另外，部分教师对先进电子设施的运用往往仅限于以其代替板书，在课上则只是机械化地展示课件，对学生进行机械化的知识灌输，这种不甚有效的"创新"，更多展现出的是对现代化教学手段的应用，而欠缺的是对运用先进教学手段所产生的教学效果要求，这样的做法同样制约了学生们对相关知识的学习和体会，更不必提合理地加以运用了。

（二）教学方法缺少灵活性

中国有句古话，叫作"事半功倍"，另外一句则是"事倍功半"。这两句古话其实就是强调在做事时方法的选择与做事效果之间的联系。做事情讲究方式方法就像找到了摧毁一堵墙的薄弱点，这样可以节省很多不必要的麻烦，达到好的效果，相反，如果方式方法选取不当，盲目地进行操作，则容易造成投入成本的大量浪费。高校在思想政治理论课教学过程中所采用的教学方法便存在着一定的问题。

1. 教学方法选取单一

教师在教学过程中所选取的教学方法往往只限定在自己熟悉的或者容易实施的范围内。部分教师依然只沿用口授的教学方法，然而只采用这种方法，虽然也能够达到灌输知识的目的，但是，如果教师口述的知识不能做到"精彩"两个字，就容易使整个课堂气氛变得沉闷而无趣，既无法激发学生学习的积极性，也会对教学效果产生不利影响。还有的教师虽然不是仅限于口授的教学方法，然而却在长期教学过程中依赖于对同一教学方法的重复、机械运用，不关注对其他教学方法的尝试和运用，这样也无法达到理想的教学效果。

2. 教学方法的艺术性缺失

部分教师虽看重对多种教学方法的尝试和运用，却往往容易生搬硬套，并不留意其中是否具有一定的艺术性，由于教学过程是容易被很多因素影响的，如：某一个知识点能够极大激发学生的学习兴趣，而某个知识点则不能引起学生的关注；教师在适当部分的适当举例或者不适当举例；学生在炎热的夏天听课和在温度适宜的环境听课；等等。如果教师的关注程度不够，就很难对教学方法灵活有效地掌握，使教学方法在运用上缺乏艺术性，从而影响教学效果。

（三）教学内容缺少发散性

随着社会的不断发展与进步，高校思想政治理论课也在发展和变化。教学工作主要依托教材的内容，然而高校在思想政治理论课教学中，仍存在着教材版本陈旧，未及时更换新教材，不重视把教学内容与社会发展方向联合起来，不及时加入有代表性的具体事例，缺乏灵活性等现象，在教授课程时也就不可避免地出现了一些问题。归结起来，教学内容方面的问题主要体现在以下几个方面。

1. 授课内容与时代要求连接性不强

思想政治理论课所使用的教材是依据时代背景和社会发展要求有针对性地编订的，编订核心直指国家的思想建设核心。然而教材的编订无法做到时时与社会发展变化相吻合，在教材无法及时更新的情况下，部分内容需要人为添加，教师则是这些内容的添加者。如果授课教师不能结合教材中的缺漏灵活地加入现实内容，而只是依照现有教材一成不变地进行讲解，则容易造成教学内容缺失、不准确，达不到提升当前社会形势下学生思想政治品质的目的等相关问题。

2. 教学内容中所包含的发散性知识较少

思想政治理论课的授课教师在教学过程中，往往只重视对教学要求中的重点内容进行讲解，而忽视对发散性知识的传授。事实上，高校思想政治理论课是一个侧重于思想领域建设的课程体系，而思想领域的建设如果不能做到深入和全面是无法达到效果的，因此，理应在教师的科学引导下培养学生的世界观、人生观、价值观，而不应只局限于对基础理论的学习，只有将基础理论教学与发散式教学相结合，使学生在全面学习理论知识的同时切实提高自身精神境界并能够灵活运用所学知识，才能达到最终的教学目的。

（四）教师缺乏教学热情

教学过程从实质上来说是教师与学生的互动过程，思想政治理论课教学的目的是使学生从根本上学到知识，理解并运用知识。为达到这一目的，教师的教学态度是十分重要的。教师良好的教学态度可以达到启发和塑造学生灵魂的效果，激发学生对于学习的热情，正所谓"晓之以理，动之以情"，只有良好的教学态度才能对学生进行正确的指引。

思想政治理论课是传授党和社会主义建设精神的主要渠道之一，更需要从根本上去学习和体会，因此教学态度是否端正，直接影响到学生能否从根本上学习、领会并发扬党和社会主义建设的精神内涵。然而，现阶段教师在思想政治理论课教学工作中仍然存在着一些态度方面的问题。

第一，盲目追赶教学进度，却不重视学生是否已经完全掌握。在思想政治理论课教学过程中，教师往往会感到"时间紧、任务重"，会产生应付差事的态度。因此只是照本宣科，目的只在于完成教学任务，认为只要将教学要求的相关知识原封不动地传授给学生就是充分履行了教师的职责，在这种教学态度的影响下，思想政治理论课的教学工作往往只能达到"教书"的目的，却难以实现真正的"育人"。而且，学生在教师机械教学的影响下很难产生学习动力和激情，将学习的目的只归结为获得学分和应付考试，并不注重对知识的领会和实际运用。

第二，任课教师容易放松对学生的要求。到了大学阶段，由于没有升学率的压力，教师往往容易放松对学生的要求，认为学生应该自主设定自己的学习计划。其实不然，即使是已经步入高等学府的大学生也会存在怠惰的思想，如果教师不在平常的学习中予以充分的指导和严格的要求，是不利于学生更好地学习和成长的。教师在这一方面的教学态度问题主要体现在：首先，缺乏对学生学习环节相关任务的科学布置，特别是对于课下自主学习的相关要求和定期检查方面没有做到严格细致。其次，不重视阶段性测试，其实定期针对教学内容展开测试是检验阶段性教学成果、保证教学效果的有效手段，然而现阶段部分思想政治理论课教师并没有充分重视这一点。最后，结业考试的方式选取不当，存在考试模式过于僵化，不能检验到学生运用知识、创新思想的效果的问题。

（五）学生参与课堂教学的积极性不稳定

目前，部分高校学生在思想政治理论课学习过程中有时表现出强烈的参与性，而有时却表现得异常沉默，甚至有当堂走神、睡觉、看闲书和翘课的现象。

认真了解后不难发现，一般在课堂参与有加分时，学生的积极性往往容易被调动过来，而若是教师并不重视课堂表现，仅仅是实施传统的试卷评分模式，学生则容易产生懈怠情绪。这种现象对于思想政治理论课的教学工作是十分不利的，因为思想政治理论课本身是一门需要从深层次去领悟的学科，需要的是实实在在的关注和认认真真的研究，这样才能从深层次领悟所学内容并提升精神境界和能力，如果仅仅停留在"为了学而学"的层面，是无法将这个学科学好、学精的。

另外，学生参与课堂的积极性不稳定也在间接层面影响着教师的教学热情，如果学生能够积极参与、踊跃发言，对所学内容表现出强烈的兴趣，那么也可以激发教师的教学积极性，在教师教学积极性的影响下，学生也能够更加投入地学习。如果学生抱着完全不认真的学习态度，会在很大程度上影响教师的教学热情。因此，在这种负向的影响下，教学工作容易陷入恶性循环，而影响教学质量的提高。

二、实践教学情况不尽如人意

（一）对实践教学重视不够

时至今日，只重视理论教学，不重视实践教学的情况仍然制约着高校思想政治理论课实践教学的顺利实施。高校对课堂教学的过度依赖和对实践效果的认识偏颇导致了学生虽然学习到了书本上的知识，却缺乏对于所学知识的实践应用能力。调查结果显示，高校在思想政治理论课教学过程中，对理论教学的重视程度往往高于实践教学，这样的现实情况直接导致了教师在教学过程中对理论和学术的重视，而对学生实际能力提高的轻视。另外，部分教师不能紧跟社会形势，害怕担责任、出问题，这些思想和现实都使得实践教学不能很好地被加以重视和落实。

另外，具备相对一致的实践教学目标，缺乏有效的实施力度。事实上，实践教学是深受课程性质影响的，与其他教学形式类似，学生的主客体双重地位在思想政治理论课教学中也表现得十分明显，因此，不应该只是将学生作为客体对待，而应该重视其主体性，调动其学习知识、锻炼能力的内在动力，只有这样，才能真正达到思想政治理论课的教学目的。实践教学环节是实现这一教学目标的重点所在。然而，目前社会各领域对于思想政治理论课中实践教学环节的重要性并未达成一致共识，因此也并没有真正做到有针对性有效建设。

（二）实践教学与理论教学脱节

目前，部分高校虽已将实践教学提上教学日程，但只是在固定的时间安排实践，这样无法保证实践与理论的有效结合，容易产生形式主义的问题。

实践教学应该是为了提高学生对理论知识的理解和运用能力而采取的一种教学手段，其应该紧紧围绕理论课程的教学进度，有目的有计划地开展。然而，现阶段各高校虽已开始实践教学环节的安排，却往往容易因理解上的错误，将实践教学与第二课堂看作一回事。实际上，它们是两个截然不同的概念，第二课堂只想通过活动形式在课堂外开展教学，其本质是对课堂教学内容进行进一步的扩展，是实践教学的重要组成部分。通过对第二课堂含义的阐释，我们不难发现，其只是实践教学的一个分支，而非全部内容，不能一概而论，实践教学是一个繁杂的教学环节，需要教育工作者全方位、有针对性地展开，只有这样才能充分发挥出实践教学的效果。

（三）实践教学模式缺乏创新性

思想政治理论课要想实现高质量教学，必须重视对实践教学环节的建设。然而，目前高校思想政治理论课的实践教学环节却好似千篇一律，其教学模式缺乏创新性，这一点主要体现在以下几个方面。

1. 时间、地点选择单一

目前，高校在进行思想政治理论课实践教学时所利用的地点往往只是博物馆和纪念馆等。实际上，这些地点的选择虽然能够达到一定的亲身体验效果，但是仅凭在博物馆和纪念馆中观看历史物品和文字描述并不一定就能达到很好的教学效果。如果只是采取教师讲解的方式进行教学，实际上和普通的课堂教学没有本质上的区别。另外一个地点的选择就是地区政府或社区，在这些单位实习，一般不会持续很长的时间，很多高校只是组织学生进行参观，并请相关人员讲解办事特点，这样实际上也达不到锻炼学生能力的目的。

2. 并非以学生为主

高校在进行实践教学时，往往由教师带队，按照常规进行讲解，不同的只是针对的不是书本讲解，而是实物。然而，这样的教学模式，会容易造成学生的精力不集中，产生应付教学的心态。从现阶段的研究成果中不难看出，极少有高校教师在实践教学过程中注重学生自身的体会和理解，让学生在实践中积极表达看法和认识，这降低了学生整体对实践教学的积极性和关注度。

第三节 高校思想政治理论课教学质量问题存在的原因分析

一、客观原因

（一）市场经济体制引发的育人环境的复杂化

对外开放的社会主义市场经济在带给我国切实经济利益的同时，也带来了巨大的社会变迁和不可回避的问题。现阶段，社会中种种问题通过不同渠道深入学校内部，影响着管理者、教师队伍乃至学生们的整体价值观念。

首先，一些领导开始出现形式化主义的思想倾向，对思想政治理论课的建设仅仅停留在上级检查需要的层面上，这种教学管理方式，会严重影响高校思想政治理论课教学质量的提升。

其次，部分高校教师更出现了理想信念模糊、奉献精神减退的现象，功利主义的思想倾向应运而生。教师是实施思想政治理论课教学的主要工作者，这种不良思想倾向会对教学工作产生相当程度的负面影响。

最后，学生存在着为了学习而学习，而非主动追求知识的现象，无法实现由"要我学"到"我要学"的思想转变，这样的学习态度是无法从深层次激发学生学习热情的，也从侧面影响着整体教学质量的提升。上述现象都直接造成了高校思想政治理论课教学过程中的目的扭曲现象，从而影响着教学质量的提高。

（二）高校思想政治理论课教师选拔标准存在问题

目前，高校选拔思想政治理论课教师时的选拔标准存在着一定的问题。虽然各高校也制定了相关的教师任用标准，然而这些标准多数停留在对教师学历及授课能力的考查上，而很多重要的选拔标准并未引起高度重视，主要包括如下方面。

首先，缺乏对教师知识含量的考查。教师作为高校思想政治理论课相关理论知识的直接传授者，其知识储备量直接影响着学生所能接受的信息量和所学知识的质量。首先，作为思想政治理论课的教师，应在对基础理论知识有全面清晰掌握的基础上，对专业知识有深刻的把握。然而，就现阶段的实际情况来说，部分教师在教学过程中存在着自身认识不足且对于授课内容的研究流于形式的现象。

其次，思想政治理论课教师应具备广博的见识，只有不断地学习和充实自身才能达到深化教学研究的目的，提高教学质量。然而现阶段部分教师却只满足于现有知识量，而不进行进一步的学习，从而使得教学水平无法获得本质上的提高。

再次，思想政治理论课教师应同时具备一定的教育学和心理学知识。因为思想政治理论课本身就是针对人思想和心灵的教育，因此，在必要的时候需要运用教育学与心理学的知识进行辅助教学，起到更好的教学效果。然而现阶段，部分教师并不具备这些知识储备，因此，在教学过程中无法做到得心应手。由以上分析可知，针对教师知识面的考查是十分必要的。

最后，缺乏针对教师教学思想崇高性的考查。教师的教学思想是否崇高将直接关系到其在完成教学工作时是否发自内心地认真负责，若教师的思想崇高，以提升教学质量为己任，则能从很大程度上避免教学实施过程中的形式主义问题。因此，针对教学思想崇高性的考查在任用教师时理应被充分重视，尤其是对于思想政治教育这种与思想和政治密切相关的学科来说更是重中之重。然而，现阶段高校在选拔教师时，虽然也具备针对这方面的相关考查项目，然而却往往只停留在个别问题的提问上，这种考查方式在有充分准备的前提下是很容易得到满意答案的，然而这种回答式的考查方式能否从实际上掌握教师的思想动态却未知晓。因此，应该采取更加科学有效的考查方式就该方面进行有效考查，这样才能保证招聘质量。

（三）教学质量保障不到位

教学质量保障体系是保证教学活动顺利开展、提高教学质量的有效手段。一个完整的教学质量保障体系主要包括：领导决策机构、组织管理机构、执行机构和监控机构。现阶段只有部分高校具备完整的教学质量保障体系，更多的高校则还处在教学保障体系不健全的状态下。具体存在的问题主要体现在以下几个方面。

1.教学资源分配不当

教学资源主要包括人、财、物三个方面。教学资源分配不当主要涉及这几个方面的问题。首先，人的方面，主要表现在人力资源分配方面，高校目前在人才引进和引进人才的合理安排方面均存在或多或少的问题。其次，财的方面，主要包括教学经费的投入、科研经费的投入、教学设施的经费投入等方面，现阶段还存在经费投入不到位的现象。最后，物的方面，主要包括教学硬件设施、教学环境等方面的建设，目前也存在着相应问题。

2. 教学技术中心建设不到位

教学技术中心主要包括多媒体中心、网络中心、教学技术研究中心等重点建设方面。其作用在于为教学工作提供相应的多媒体及网络支持，并致力于创新教学技术等方面。其建设程度对于思想政治理论课教学质量的提升有着很大的推动作用，然而，现阶段高校对于这方面的建设却并不到位。

3. 教学管理信息未做到有效处理

高校应设立专门的教学管理信息机构，主要负责为各级教学管理者、教师、学生与社会公众提供信息处理与信息查询服务。通过这一机构的建立，可以实现对教学有关信息的充分传达，便于高校及时了解各层面针对教学工作的意见和建议，并针对这些意见和建议做出及时的反馈和改善，以达到更好的教学效果，保证教学质量。然而，目前这种信息处理的专门机构还没有得到有效建设。

二、主观原因

（一）管理层面的重视程度有待提高

思想政治理论课的教学质量能否保证，领导的重视程度是一个至关重要的决定因素。领导作为整个教学工作的主管层面，其决策和领导的科学性与正确性都是关乎教学建设方向和力度的重要指针。领导的高度重视可以促进教学政策的科学制定和稳步贯彻实施，可以将教学工作引领到正确的轨道。反之，如果领导不够重视教学工作，则会直接降低教学质量。现如今，领导对于思想政治理论课教学的重视情况就存在着以下问题。

1. 要求与行动不相符

随着党和国家对于高校思想政治工作重视程度的提高，高校领导也纷纷顺应党的号召开展有针对性的教学建设工作。然而，通过调查与了解情况不难发现，领导虽然在不同程度上进行着针对思想政治理论课的政策制定，然而，对这些政策是否有效地贯彻实施缺乏严谨有效的监督，这样就容易造成形式主义的现象，导致思想政治理论课教学质量得不到实际意义上的有效提高。

2. 应付上级领导检查的消极心态

目前，国家针对高校定期进行的思想政治工作评价给高校的建设提出了更高的要求，面对这种要求，虽然部分高校领导给予了充分重视，严格按照国家规定制定有效的方针政策并逐步实施，然而，面对上级领导的要求，部分高校的领导缺乏有效的行动，往往只在上级检查前做突击工作，以应对检查。这样只能在表面上达到教学要求，实际上则是一种对于教学工作不负责任的消极现象。

3. 政策制定与实施存在问题

高校思想政治理论课教学政策的制定应符合党和国家的精神要求，同时还应与学校教学工作的阶段性要求相适应，以提高思想政治理论课教学质量为目标，在这些基础上有计划地及时制定，才能达到科学引导教学的效果。

在科学制定相关政策后，还要保证政策的逐级贯彻实施，政策要想充分落实，需要各个管理层面的相互配合、认真负责。然而现阶段高校在制定相关政策和政策实施方面都存在着相应的问题，亟待解决。

（二）任课教师的整体素质有待提升

思想政治理论课的课程内容是需要深入学生思想理念并可以指引科学行为方向的，这就要求任课教师在教学过程中在教授知识的同时，细心体察学生的各种需求情况，对学生的整体学习状态等方面展开全面的了解，从而有针对性、有重点地开展教学工作。然而，现阶段部分思想政治理论课的任课教师在进行教学时却并未体现出对学生的充分重视，具体表现在以下几个方面。

1. 对学生学习过程中的疑难和困惑不重视

思想政治理论课要进学生的头脑，必须先认真把握好学生心中的疑难与困惑，否则只能是无的放矢，徒费口舌。而学生的疑难与困惑又往往因各种因素而异。家庭环境、所学专业、兴趣爱好不同，所思所虑、所喜所忧必然也不同。这时就需要教师从学生的内心出发去了解和体察，从而找出学生的兴趣点所在，展开教学工作。然而，现阶段更多的教师只是局限于对原有知识的硬性灌输，并不注重学生的心理动态，这就直接造成了"只输不进"的现象，影响了教学质量。

2. 不能针对学生需求增强教学艺术性

一堂课要想上得有声有色，其中一项必不可少的因素就是教师要充分发挥自身的影响力和感染力，只有这样才能让学生紧跟教师的教学节奏，完成教学计划。要做到这一点，就需要教师善于针对学生在课程中的反应和表现增强自身的教学艺术性，这里所说的艺术性主要包括：语言的生动性、表情与动作的配合性、临场的反应性等。然而，现阶段高校思想政治理论课的任课教师在教学过程中往往过于刻板，只注重自身的授课内容，而不善于增强自身教学的艺术性，这也是未对学生充分重视的一种侧面表现。

3. 不重视学生对知识的实际运用能力

思想政治理论课的教学目的不只是将符合党和国家需要的精神元素灌输给学生，更重要的是培养学生深入实践这些科学思想的行动力。然而，目前教师在教学过程中往往为了盲目追求教学进度而大篇幅地进行理论知识的讲解，而不重视对学生实际运用能力的培养。由于这些特点的存在，就不可避免地影响了教学质量的提升。

（三）学生自身的学习态度不端正

随着大学生由精英化向大众化的过渡，教学质量的提升除了受到来自社会、学校等方面的影响之外也受着学生自身学习态度的影响。学习态度指的是学习者对学习活动的基本看法及其在学习活动中的言行表现。学习态度所包含的内容有：学生在上课时所表现出的学习态度、学生对教师的态度、学生对学习任务的完成态度、学生课下的继续学习态度等。学习态度是直接影响学生学习情况的重要方面，良性的、积极的学习态度将带给学生正向的激励作用，恶性的、消极的学习态度将带给学生负面的抑制作用。因此，学习态度对于学生的学习是十分重要的。

经调查显示，现阶段高校大学生在学习思想政治理论课的过程中，其学习态度是存在很大问题的，相当一部分学生存在着对于思想政治理论课的厌烦心理，存在着课上注意力不集中，课下任务不能按时、按质、按量完成，甚至逃课的情况，这些实际情况所反映出的学生无法端正自身的学习态度、无法深入认识学习思想政治理论课对于自身和社会的重要性、缺乏对于社会的责任感、惰性化学习情绪等问题更是影响教学质量的主要因素。

第四节　边疆少数民族地区高校思想政治理论课教学质量问题研究——以云南边疆地区为例

一、云南边疆高校思想政治理论课教学困境表现

（一）高校对思想政治理论课的重视力度不够

高校领导虽遵照要求设置思想政治理论课课程，并接受教委进行不定期检查的要求，并且成立思想政治理论课教学研究部，但对该部门重视力度不够，校领导认为学好专业知识才是王道，于是在核定课时津贴和课时系数时不能按国家规定的正常程序执行，再加上云南少数民族地区特殊的地理环境、交通落后、极端贫困等因素，教师难以产生认同感，所以在教学上会产生抵触情绪。

（二）学生对高校思想政治理论课知识学习不感兴趣

思想政治理论课偏重马列主义、毛泽东思想的学习，理论性较浓，与实际生活联系不大，再加上有的学生认为思想政治理论课似乎与自己的专业知识和就业前景无太大大关联，所以出现了一些学生对思想政治理论课不感兴趣的现象。学生没有从根本上认识到思想政治理论课社会主义教育和爱国主义教育的重要性，出现了被动学习的状况，所以就会出现迟到、旷课、上课不做笔记等现象。

（三）学生基础普遍较差

由于地处云南边疆少数民族地区，学校学生主要以四周的少数民族的专科生为主。由于边疆少数民族地区经济、文化落后，其基础教育也落后。由于学生的政史基础不太好，教学只能按照教材进行，很少能专题教学，这严重影响了教师才能的发挥。而且学校的文、理科学生经常一起上课，文科生和理科生的思维方式不同也使教学方法难以把握。

二、云南边疆高校思想政治理论课教学困境原因探析

（一）教师队伍建设不足

教师队伍的素质高低直接影响思想政治理论课教学水平的好坏，直接影响学生对思想政治理论课学习的积极性。学生要求思想政治理论课教师知识面宽广，理论功底扎实，课堂教学生动，理论与实际进行联系；通过对思想政治理

论课的学习，学生能提高自己的思想修养，改善自己的知识结构，增强分析问题和解决问题的能力。但实际上，由于边疆少数民族地区高校的特殊性，学校根本达不到以上要求。其原因在于：第一，兼职教师过于庞大，第二，由于云南边疆少数民族地区交通不便、工资待遇相对较差、生活条件艰苦，很难吸引高素质的教师任教，教师以年老教师或者中年骨干教师为主，缺乏年轻教师。年老教师和中年骨干教师虽长期从事马克思主义理论教育工作，教学经验丰富，但缺乏年轻教师，教师队伍建设的可持续性受到影响，不利于教师队伍的梯队建设。

（二）社会价值观和社会多元化的影响

随着我国对外开放的深入，各种思潮涌入国内，各种深层次的社会矛盾开始暴露，人们的政治价值取向日趋多元化，道德标准不统一，人们对法律、道德的敬畏感削弱。市场经济的开放使得人们的金钱意识普遍提高，功利主义较过去更为严重，权力分配标准多元化。种种社会问题影响了师生对道德和信仰的认同，使得大学生对思想政治理论课的学习并不重视，导致学习中出现厌学情绪，而教师出现厌教情绪，并出现恶性循环。

（三）理论与实际脱节，教材内容空洞和教学方式陈旧

很多教师按照教材进行教学，很少理论联系实际，不能把书本上的知识同社会现实结合起来，更不能用马克思主义理论知识去解释一些社会问题，导致教学中很难用僵化的理论知识去解决实际的社会问题。即使一些教师将理论与社会矛盾结合起来进行教学，但碍于政治和道德言论的稳妥，不愿意揭露社会中尖锐的社会问题，只会照本宣科，毫无创意可言，不但使理论和实际社会脱节，而且也降低了学生学习的兴趣。

三、提高云南边疆高校思想政治理论课教学质量的对策

（一）加强师资队伍建设

优秀的思想政治理论课教师是社会主义爱国教育的前提，由于受少数民族地区高校特殊的历史现状的制约，思想政治理论课教师队伍建设亟待完善，而且由于地理、历史原因，思想政治理论课教师主要以本省教师为主，存在学术上近亲繁殖等问题。解决的措施主要有建立合理的师资培训、考核机制，提高教师的待遇，加强管理，吸引其他地区的优秀教师前来任教等。

（二）理论知识与社会现实相结合

思想政治理论课教学与社会生活是息息相关的，一定要把马克思主义理论活的灵魂实事求是地同社会现实和公民理论联系起来，把教育中缺乏的社会知识、人文知识传授给学生，要用马克思主义理论一针见血地分析、解决社会中存在的尖锐矛盾，培养学生独立思考的能力。在教学中不要回避矛盾和社会热点问题，而是结合相关知识对热点、焦点问题一一进行梳理，用创新的马克思主义立场、方法和观点加以辩证解析。

（三）改革教学方法

教师在教学中应该善于发挥自己的教学水平，掌控课堂的进度，使自己的教学艺术充分地施展出来。一是要采取灵活多样的教学方法，因人不同地分层次教学，如三年制专科生的文史基础相对五年制的学生要好一些，在教学中应该发挥他们的长处，而五年制的学生基础就相对较差，对他们的授课可以多加入一些基础性的知识点，而且不可讲得太深入。二是要尽量多利用多媒体教学资源，加强师生互动和教学实践，充分发挥学生的主体性。并且要充分地调动学生的积极性和主动性，采用启发式教学，使学生在课堂上多思考、多动脑，让学生始终保持一个活跃的思维。

第四章 高校思想政治理论课教学质量的 关键——教师素质

教师素质是与教师的职业活动密切相关的，是教师履行其职责所必须具备的基本条件和内在品质。思想政治理论课教师是高等学校教师队伍的一支重要力量，是党的理论、路线、方针、政策的宣讲者，是大学生健康成长的指导者和引路人。其所讲授的思想政治理论课不仅具有丰富的知识性和系统的理论性，更具有鲜明的思想性和意识形态性。思想政治理论课教育教学的目的并不仅仅在于单纯地传授知识，更重要的在于思想导向和价值引领，教育和引导学生树立崇高的理想信念和正确的世界观、人生观、价值观。因此，思想政治理论课教师除了具备其他学科教师的职业素质外，还有其自身的特殊性。

第一节 高校思想政治理论课教师素质的鲜明特征

一、思想政治理论课教师素质的政治性

思想政治理论课教师素质的政治性是由思想政治理论课的性质、功能和重要地位所决定的。《中共中央宣传部、教育部关于进一步加强和改进高等学校思想政治理论课的意见》指出，高校思想政治理论课承担着对大学生进行系统的马克思主义理论教育的任务，是对大学生进行思想政治教育的主渠道。充分发挥思想政治理论课的作用，用马克思列宁主义、毛泽东思想和中国特色社会主义理论体系武装当代大学生，是党的教育方针的具体体现，是社会主义大学的本质特征，是党和国家事业长远发展的根本保证。《普通高校思想政治理论课建设体系创新计划》进一步强调："思想政治理论课是巩固马克思主义在高校

意识形态领域指导地位、坚持社会主义办学方向的重要阵地，是全面贯彻落实党的教育方针、培养中国特色社会主义事业合格建设者和可靠接班人、落实立德树人根本任务的主干渠道，是进行社会主义核心价值观教育，帮助大学生树立正确的世界观、人生观、价值观的核心课程。办好思想政治理论课，事关意识形态工作大局，事关中国特色社会主义事业后继有人，事关实现中华民族伟大复兴的中国梦，必须始终摆在突出位置，持之以恒、常抓不懈。"因此，要求思想政治理论课教师不仅具有较好的理论素质、教学水平和科研能力，更强调把坚持正确的政治方向作为教师聘用的首要标准，"在事关政治原则、政治立场和政治方向的问题上不能与党中央保持一致的，不得从事思想政治理论课教学"。

二、思想政治理论课教师素质的综合性

思想政治理论课教师素质的综合性是由思想政治理论课教育教学过程的复杂性、综合性所决定的。思想政治理论课是一组具有特定定位、特定内涵、特定任务的课程。它把马克思主义基本原理应用于大学生思想政治教育的具体实践，以科学的世界观、方法论来分析、回答学生普遍关注的理论和现实问题；它充分吸收和借鉴哲学、经济学、历史学、政治学、伦理学、教育学、法学、心理学等相关学科，以及自然科学的理论与实践成果，构建具有中国特色、中国风格的思想政治理论教育教学体系。思想政治理论课的教育教学过程和任务既要"传道""授业"，更要"解惑""释疑"。前者要求教师有扎实的马克思主义理论基础，并善于将理论体系转化为教学体系，能够把我们底气充足的中国特色社会主义道路、理论、制度、文化的特色和优势讲清楚、说明白，让学生能够听得进、听得懂；后者则要求教师有鲜明而正确的政治立场及较高的教学水平和教学艺术，了解学生的学习特点，把握学生的思想脉搏，遵循教育教学规律，改革教学模式和方法、手段，创新话语体系和话语表达，提升话语能力和话语权威，进而增强教学的亲和力、吸引力、感染力和说服力，这样才能使学生喜闻乐见、入脑入心。同时，思想政治理论课教育教学不仅对学生进行理论灌输，还要开展实践教学，并与学生的日常教育管理、社会实践活动、校园文化建设以及专业课程的学习等紧密结合、相互协同。由此可见，这一教育教学过程的诸多环节及复杂性、综合性，对思想政治理论课教师的素质要求不可能是单一的，而应是多方面品质的综合。

三、思想政治理论课教师素质的时代性

思想政治理论课教师素质的时代性是由思想政治理论课教学内容的改革和教育对象的特点所决定的。一方面，思想政治理论课作为高校教育教学的重要组成部分，其课程设置和教学内容始终围绕党和国家在不同时期的中心工作及高等教育的根本目标而展开。它与国际形势的深刻变化和我国社会经济、政治、文化、科技等项事业的发展紧密相连，反映着不同时期的社会要求和理论创新，具有鲜明的时代特色。这是思想政治理论课的基本定位和价值所在。正是这种与时俱进的理论品格，推动了思想政治理论课的不断发展和优化，增强了教育教学的时代感和针对性，并始终受到党和国家的高度重视，成为大学生思想政治教育的主渠道。思想政治理论课设置及内容的调整与改革，必然要求教师紧扣社会发展和时代变化，不断提升自身素质。另一方面，作为思想政治理论课的教育教学对象，不同代际或年龄的大学生的身心特点、思维方式、价值取向、思想困惑、成长诉求等存在一定的差异，因而思想政治理论课的教育教学模式、方法和技术手段等也不尽相同，对思想政治理论课教师的职业素质自然会有新的要求。总之，思想政治理论课教师的素质不是一成不变的，而是随着时代的发展不断调整、优化的，以更好地适应教育教学改革和大学生健康成长的需求。

第二节　高校思想政治理论课教师素质的基本要求

一、正确的思想政治方向

思想政治理论课教师作为高校教师队伍的一支重要力量，其所承担的特定教育任务和使命，决定了对思想政治理论课教师的素质有着更高的要求。具有正确的思想政治方向、良好的职业道德修养、先进的教育教学理念、深厚的业务理论功底、较强的教学科研能力和健康的身体心理素质等，成为对思想政治理论课教师素质的基本要求。

众所周知，高等学校肩负着培养社会主义事业合格建设者和可靠接班人的历史重任。把坚定正确的思想政治方向放在育人工作的首位，是学校一切工作的灵魂，也是衡量学校教育水平和学生培养质量的一个根本标准。毛泽东认为，没有正确的政治观点，就等于没有灵魂，"青年应当把坚定正确的政治方向放

在第一位"。1978年4月，邓小平在全国教育工作会议上曾经指出："毫无疑问，学校应该永远把坚定正确的政治方向放在第一位。"1989年9月，江泽民在庆祝中华人民共和国成立40周年大会上明确提出："各级各类学校不仅要建立完备的文化知识传授体系，而且要把德育放在首位，确立正确的政治方向。"2005年1月，胡锦涛在全国加强和改进大学生思想政治教育工作会议上强调，培养什么人、如何培养人，是我国社会主义教育事业发展中必须解决好的根本问题……要使大学生成长为中国特色社会主义事业的合格建设者和可靠接班人，不仅要大力提高他们的科学文化素质，更要大力提高他们的思想政治素质。2016年12月，习近平在全国高校思想政治工作会议上进一步指出，思想政治工作关系高校培养什么样的人、如何培养人以及为谁培养人这个根本问题。要坚持把立德树人作为中心环节，把思想政治工作贯穿教育教学全过程。思想政治理论课作为一门思想性和政治性很强的学科，是对大学生进行思想政治教育的主渠道，体现了社会主义大学的本质要求。而思想政治理论课教师作为课程教育教学的具体实施者，是大学生健康成长的指导者和引路人。教师的思想政治素质如何，直接影响着学生的政治立场、政治观念、政治信仰和人生的价值取向。因此，坚定正确的思想政治方向，这是对思想政治理论课教师首要的、基本的素质要求，也是对学生有效开展思想政治教育的根本条件。一个思想认识模糊、政治立场不清、政治观念混乱、政治信仰迷茫的教师，是不可能对学生进行正确和有效的思想政治教育的。

思想政治理论课教师坚定正确的思想政治方向，主要体现为四个方面的要求。

一是坚定的马克思主义信仰。马克思主义是我们立党立国的根本指导思想，是全党全国人民团结奋斗的共同思想基础。思想政治理论课教师要认真学习和掌握马克思主义、毛泽东思想和中国特色社会主义理论体系，并使之成为自己的精神支柱和政治信仰，牢固树立正确的世界观、人生观和价值观，自觉抵制各种错误思潮和腐朽思想文化的侵蚀，坚持用科学的理论武装当代大学生。

二是坚持社会主义的政治方向。思想政治理论课教师要牢固确立在中国共产党领导下走中国特色社会主义道路、实现中华民族伟大复兴中国梦的理想信念；拥护党和国家的路线、方针、政策，在政治上、思想上、行动上同党中央保持高度一致，在大是大非问题上，立场坚定，旗帜鲜明；正确认识社会发展规律，时刻关心国家大事，积极参加社会实践，深入实际，了解国情。

三是忠于党的事业的政治品质。思想政治理论课教师的政治品质就是要拥护中国共产党领导，拥护社会主义，热爱祖国，热爱人民；坚持真理，服从真理，光明磊落，言行一致，具有廉洁奉公、公正无私的奉献精神。

四是较高的政治水平和政策水平。前者包括政治鉴别力、政治敏锐性以及善于从实际出发，有针对性地进行思想政治教育的能力；后者则主要是指认识、理解、掌握和善于运用党的方针、政策，以及我国宪法和有关法律法规，正确区分政治问题和学术问题、思想意识问题和思想认识问题等，从而有效地开展思想政治理论课教育教学。

总之，思想政治理论课教师只有具备了过硬的思想政治素质，才能有正确的政治立场和政治方向，才能对马克思主义真学、真信、真教、真用，真正担负起马克思主义理论的宣讲者、社会主义意识形态和精神文明的传播者、大学生健康成长的指导者和引路人的使命和职责。

二、良好的职业道德修养

思想政治理论课教师作为塑造大学生思想灵魂的工程师，不仅要坚定正确的政治方向，还应具有高尚的道德品质和良好的职业道德修养。这是由教师职业的性质及思想政治理论课的内容和特点所决定的。所谓"育人先育己，育己先育德"。良好的职业道德修养不仅以其特殊的伦理价值而成为思想政治理论课教师不可或缺的基本素质，而且也是推动教师不断进行教育教学改革、努力提高教育教学水平的重要保证。它既是一种无声胜有声的教育力量，对学生心灵的影响是任何语言符号和制度都不能取代的；同时，它又是一种令人肃然起敬的人格魅力，对拉近师生双方的心理距离，赢得学生的尊重和支持，进而增强教育教学的亲和力、吸引力和感染力，提高教育教学的实际效果具有十分重要的作用。

没有良好的职业道德修养，就不可能产生真正意义上的教育。所谓职业道德修养，是从事各种职业活动的人员，按照职业道德的基本原则和规范，在职业活动中所进行的自我教育、自我改造、自我完善，从而使自己形成良好的职业道德品质和达到一定的职业道德境界。职业道德修养最终是以职业责任感、事业心和积极性的外化程度表现出来的。对于思想政治理论课教师来说，主要体现在以下三个方面。

（一）正确的职业理想

思想政治理论课教师应当忠诚于人民的教育事业，对所从事的思想政治理论课教育教学具有正确的职业认知，以及强烈的职业荣誉感、历史使命感和社会责任感，将对大学生进行系统的马克思主义理论教育、传播社会主义核心价值观、培养中国特色社会主义事业合格建设者和接班人作为自己的神圣职责和实现自身人生价值的最高体现；要正确处理个人与社会的关系，反对拜金主义、享乐主义和极端个人主义，把本职工作、个人理想与大学生的健康成长和祖国的繁荣富强紧密联系在一起。

（二）良好的职业态度

具体表现为：对待教育事业要忠于职守，为人师表，依法执教，积极进取，乐于奉献；对待学生要确立以人为本的教育理念，关心学生的健康成长，热爱学生，尊重学生，言传身教，诲人不倦，公平公正对待学生，认真负责地要求学生；对待其他教师要相互尊重，团结协作，公平竞争，共同发展；对待教学、科研及学术交流要倡导实事求是的科学态度和严谨自律的工作作风，既要勇于探索、大胆创造，又要严细求实、精益求精，力戒浮躁和急功近利，坚决反对在学术活动中弄虚作假、抄袭剽窃等违背学术规范、侵占他人劳动成果的不端行为。

（三）强烈的事业追求

作为思想政治理论课教师，要始终坚持社会主义教育方向，全面贯彻党的教育方针，努力推进素质教育，模范遵守教师职业道德规范，积极开展教学改革与科学研究，不断提高自身政治素质和业务水平；以大学生健康成长成才为目标，以提高教育教学质量为己任，志存高远，敬业乐业，严谨治学，锐意创新，以身作则，教书育人，以自己良好的思想和道德风范去感染和影响学生，以出色的教研能力和丰硕的学术成果去教育和培养学生。

三、先进的教育教学理念

"理念"是人们对某种事物的观点、看法和信念。教育教学理念则集中体现了人们对教育教学和学习活动内在规律的认识，同时也是人们对教育教学活动的看法和持有的基本态度和观念，是人们从事教育教学活动的信念。只要发生教育教学行为，就一定有教育教学理念在起作用。教育教学行为受教育教学理念的支配，有什么样的教育教学理念，就会有什么样的教育教学行为产生。所以，教育教学理念是教师从事教育教学活动的指导思想和行动指南。教育教学理念一旦形成，就会成为相对稳定的精神力量，影响着教师看待教育教学的真正意义、认识教师与学生的互动关系、处理教育教学中的各种矛盾等，由此也影响着教师的教育教学行为和教育教学效果。与高校其他课程不同，思想政治理论课所具有的特定定位、特定内涵和特定任务，决定了它主要解决的是大学生的理想信念和世界观、人生观、价值观问题，而不是一般的知识传授和灌输。这就要求思想政治理论课教师在具备良好的思想政治素质和职业道德修养的前提下，必须懂得教育教学活动的规律，了解大学生的思想实际和成长需要，树立以人为本、民主平等、师生和谐、科学发展等现代教育教学的思想观念，以此指导自身的教育教学工作。

以人为本是一个古老而又颇具现实意义的命题。其基本含义简要来说就是：它是一种对人在社会历史发展中的主体作用与地位的肯定，强调人是社会历史发展的主体，又是社会发展的目的；它是一种价值取向，强调尊重人、解放人、依靠人和为了人；它是一种思维方式，就是在分析和解决一切问题时，既要坚持历史的尺度，也要坚持人的尺度。以人为本既是历史唯物主义的一项基本原则，也是思想政治教育的一个重要理念。胡锦涛曾经指出，思想政治工作说到底是做人的工作，必须坚持以人为本。既要坚持教育人、引导人、鼓舞人、鞭策人，又要做到尊重人、理解人、关心人、帮助人。习近平也强调，思想政治工作从根本上说是做人的工作，必须围绕学生、关照学生、服务学生，不断提高学生的思想水平、政治觉悟、道德品质、文化素养，让学生成为德才兼备、全面发展的人才。对于思想政治理论课教育教学来说，以人为本，就是坚持以学生为本，把服务于学生的健康成长和全面发展作为思想政治理论教育的根本价值取向，把提高教育教学的实际效果、回答和解决学生在成长成才过程中的实际问题作为出发点和落脚点。

为此，思想政治理论课教育教学不仅研究社会主义大学对学生成为合格人才的期望和要求，还要深入了解学生自身成长的愿望和需要。只有当课程内容体系和教学方式方法均符合学生的思想实际和成长需要时，思想政治理论课才能为大学生所认同；只有当学生深刻认识并深切感受到树立科学的世界观、人生观、价值观为自己成长、发展所必需而非"精神枷锁"时，思想政治理论课才能被大学生所接受；只有当教师真正从学生未来发展的角度出发，并在教育教学过程中充分地尊重他们、关心他们，深入地了解他们在学习、成才、择业、交友、健康、生活等各方面的需要、困惑和追求时，才能有效地激发出他们的学习兴趣，取得良好的教育教学效果。

长期以来，思想政治理论课坚持"以教师为中心"的思想观念，在教育教学中往往居高临下，"我讲你听，我打你通"，过分强调理论知识的灌输和教师的主导作用，而忽视学生在理论学习和自我教育中的主体地位。这在一定程度上不仅扼杀了学生的主体意识、参与意识，抑制了学生的学习积极性、主动性和能动性，而且也影响了和谐、互动的师生关系的形成，使思想政治理论课及其任课教师在学生心目中缺乏亲和力和吸引力，最终影响了教育教学的实际效果。要切实改变这一状况，使思想政治理论课真正成为大学生真心喜爱、终身受益的课程，思想政治理论课教师就必须摒弃"以教师为中心"的教育理念和"一言堂"的教学方式，注重营造宽松、民主、信任的教育教学氛围，建立平等、和谐、互动的师生关系，激发并尊重大学生的学习兴趣和主体意识。同时，教育教学内容和方式方法要努力贴近实际、贴近生活，符合教育教学规律和学生学习特点，提倡案例式、参与式、研究式教学，以通俗易懂的语言、生动鲜活的事例、新颖活泼的形式活跃教学气氛，启发学生思考，从而使教师的主导作用和学生的能动作用相辅相成、相得益彰。

此外，现代教育的思想观念认为，教给学生知识只是促进学生发展的手段，而不是最终目的。要促进学生的发展，不仅指眼前的发展，更指未来的可持续发展。因此，思想政治理论课教师还要树立面向未来、科学发展的教育教学理念，不仅帮助学生掌握马克思主义、毛泽东思想和中国特色社会主义理论体系的基本原理，更要指导学生学会运用马克思主义的基本观点和方法去认识和分析现实问题，使他们面对错综复杂的国际形势和在改革开放的环境下有正确的政治方向和迎接挑战的能力。

四、深厚的业务理论功底

教师的主要职责，是通过系统的知识、技能传授达到培养一代人的目的。具有扎实、深厚的业务理论功底，是教育教学活动取得成功的重要基础，也是教师必备的基本素质之一。邓小平曾经指出："要教育人民，必须自己先受教育。要给人民以营养，必须自己先吸收营养。"面对世界范围内各种文化思潮交流交融交锋更加频繁、社会思想意识更加多元多样多变，发挥正能量，增强对重大理论和现实问题的阐释力，在多元中确立主导；运用马克思主义的立场、观点、方法，在多样中求得共识，这是对思想政治理论课提出的新挑战和新要求，也是思想政治理论课教师素质提升的重要任务。

思想政治理论课教师应具有扎实、深厚的业务理论功底，其内容应当包括以下三个方面。

（一）系统的马克思主义基本理论

马克思主义基本理论既是思想政治理论课的学科基础，也是对大学生进行思想政治教育的重要内容。因此，思想政治理论课教师的马克思主义理论修养水平，直接影响到思想政治理论课教育教学的客观效果。这就要求思想政治理论课教师不仅具有马克思主义的科学信仰，而且必须全面、深刻地把握马克思主义的科学理论。马克思主义理论是一个内容极其丰富而又不断发展、与时俱进的理论体系。思想政治理论课教师除了掌握马克思主义哲学、政治经济学、科学社会主义等基本理论外，还应着重学习和掌握毛泽东思想和中国特色社会主义理论体系，同时认真学习、研究马克思主义发展史。一个对马克思主义一知半解、缺乏系统的马克思主义基本理论功底的教师，即使拥有其他多方面的知识，也不能完整、准确地向学生传播马克思主义。

（二）扎实的思想政治教育专业知识

思想政治理论课作为大学生思想政治教育的主渠道，其教育教学活动不仅具有鲜明的政治性、思想性，而且也是一项专业性、实践性很强的工作。思想政治理论课教师掌握丰富、扎实的思想政治教育学科专业知识，有利于提高自身的业务能力和专业水平，进而增强思想政治理论课教育教学的说服力和实效性。思想政治教育学科专业知识，主要包括中国共产党思想政治教育史、思想政治教育学原理、思想政治教育方法论等专门知识。

（三）广博的相关学科专业知识

思想政治理论课是一门多学科交叉的综合性、应用性学科。它广泛吸收和借鉴哲学社会科学和自然科学的相关知识，不断丰富、充实和完善其课程内容体系。适应这一特点和趋势，思想政治理论课教师除了熟练掌握思想政治教育学科的专业知识外，还应注重扩大知识领域，调整和优化自己的知识结构，熟悉与思想政治教育密切相关的学科知识，如教育学、心理学、伦理学、政治学、历史学、社会学、经济学、法学、美学等。此外，随着科学技术的日新月异，思想政治理论课教师要了解现代科学研究的新进展、新成果，能够熟练地运用现代教育技术手段，并具有一定的自然科学和网络信息技术知识。

总之，学习和掌握相关学科知识，进一步拓宽知识视野，不仅有利于思想政治理论课教师在教育教学中做到旁征博引、融会贯通，提升教育教学内容的广度和深度，激发学生的学习兴趣和求知欲望，而且也能使思想政治理论课教师更好地把握教育教学的内在规律及大学生的心理特点和思想动态，从而增强教育教学的针对性和艺术性。

五、较强的教学科研能力

教育教学活动这一劳动具有很强的创造性，同时也是一门艺术。高质量地开展教育教学活动，要求充分发挥教师的积极性和创造性。这里，"积极性"体现的是教师良好的职业道德修养，而"创造性"则反映了教师较强的业务能力素质，教学能力和科研能力便是其中的核心内容。

教学能力是教师完成教学计划、实现教学目标、取得教学成效所具有的能力。教学能力是衡量高校教师业务素质的最基本的指标，直接影响着教师的教学行为与教育质量，同时也是教师职业化的显著特征。面对新的形势和要求，思想政治理论课要成为大学生真心喜爱、终身受益的课程，必须着力提高思想政治理论课教师的教学能力。教学能力是由多种单项能力构成的有机整体，具有整体性、开放性和发展性等特点。思想政治理论课教师的教学能力可概括为教学认知能力、教学操作能力、教学监控能力和教学创新能力。

教学认知能力是指思想政治理论课教师对教学目标、教学内容、教学对象以及教学情境的认识、理解和分析、判断能力。主要表现为：认识、把握思想政治理论课的性质、任务的能力；研究、理解思想政治理论课的内容体系及教学要求的能力；将思想政治理论课教材体系转化为教学体系的能力；对学生的个性特点和思想状况进行分析、评价的能力；对思想政治理论课面临的客观环境和形势的认知、判断能力等。在教学能力结构中，教学认知能力是基础，它直接影响到教师教学准备的水平和教学方案设计的质量。

教学操作能力是指思想政治理论课教师为了实现课程教学目标，具体而有效地实施教育教学活动、解决教学问题的能力。主要表现为：教学方案的设计能力；教学内容的驾驭能力；课堂教学的组织、管理能力；教学方法、手段的选择、运用能力；对教学情境的应变与调控能力；语言表达和非语言表达能力等。

教学监控能力是指思想政治理论课教师为了保证教育教学活动的顺利进行，实现预期的教育教学目标，而在思想政治理论课教育教学的全过程中，将教育教学活动本身作为意识的对象，不断地对其进行积极主动的规划、检查、评价、反馈、控制和调节的能力。这种能力是思想政治理论课教师教学能力结构中最高级的成分，它不仅是教育教学活动的控制执行者，而且是教学能力发展的内在机制。

思想政治理论课教育教学不是机械地进行知识的传授，而是以知识性和科学性为前提和载体，对大学生进行思想政治教育，帮助和引导学生树立崇高的理想信念和正确的世界观、人生观、价值观。这就要求思想政治理论课教师具有较强的教学创新能力。这种能力是指思想政治理论课教师在教育教学活动中，顺应时代变化和社会发展的要求，遵循教育教学规律，联系学生的思想实际，运用自己的智慧，创造性地提出问题、分析问题和解决问题。具体表现为：突破旧的教育教学观念，开拓新的教育教学思路；探索新的教学方法、手段，设计新的教育教学方案；建立学科之间新的联系，发现新的教育教学规律等。

科研能力是指一个人在其所从事的专业领域中，以科学的思维和适当的方法发现问题、认识问题和解决问题的能力。传统的教育观念认为，教师的职责就是"传道、授业、解惑"。然而，在如今现代化、信息化、全球化的时代，教师仅仅满足于"传道、授业、解惑"显然已远远不够，还必须探索面向时代发展的重大理论与实践问题，从"教书匠"的角色中走出来，成为科研型的教师，具备高水平的科研能力和科研成果。对于思想政治理论课教师来说，较强的科研能力尤为重要。这是由马克思主义及其中国化的理论发展、国际国内形势深刻变化以及当代大学生的教育特点等所决定的。它对于提高思想政治理论课教师的素质和水平，形成教学与科研相互促进的良性循环，增强思想政治理论课教育教学的吸引力、说服力和有效性，以及加强思想政治理论课的学科建设等，均有十分重要的意义。

思想政治理论课教师的科研就是站在人类文化发展的高度，立足时代发展的前沿，结合社会经济、政治、文化、科技、教育发展的实际，不断吸收新的教育思想和信息，创新马克思主义理论和思想政治教育的内容和方式方法。从思想政治理论课研究的范围来看，不仅要注重理论研究，而且要注重教育教学研究。同时，对大学生普遍关注的热点、难点问题，要下大功夫加以研究和回答，并在研究和回答学生关注的热点难点问题的过程中提高教师的科研能力和教学水平，去展示思想政治理论教育的强大魅力，开拓高校思想政治理论课教育教学的新局面。

思想政治理论课教师的科研能力主要包括社会调查能力、信息处理能力、逻辑分析能力、归纳演绎能力、批判质疑能力、求异创新能力等。

六、良好的身体心理素质

良好的身体心理素质是教师做好教育教学工作的重要保证，也是教师自身成长与发展的现实需要。马克思主义及其中国化的理论发展、思想政治理论课教育教学的特点及其所承担的历史使命，要求思想政治理论课教师必须展现出能够与所承担的重任相适应的较高的身体素质和心理素质。具体表现在以下几个方面。

第一，思想政治理论课教学任务繁重、工作压力较大。与高校其他专业课不同，思想政治理论课是大学生必修的公共基础课，思想政治理论课教师要面对不同层次、不同专业的学生，且一般授课班级规模较大，教学工作量之重可想而知；而其不仅要系统地进行马克思主义理论知识的讲解，更重要的是最终解决学生的思想政治问题，引导他们树立科学的世界观、人生观、价值观，这与单纯地传授专业知识相比，无疑要面对更多的困难和压力。正是由于他们与学生有着最广泛、最频繁的接触，他们的身心状况对大学生潜移默化的影响是不可低估的。

第二，思想政治理论课教育教学环境产生新变化，教育教学对象出现新特点。目前，思想政治理论课的客观环境和大学生的思想特点发生了诸多新的、深刻的变化，使思想政治理论课教育教学既面临有利条件，也面对严峻挑战。一方面，大学生面临着大量西方文化思潮和价值观念的冲击，某些腐朽没落的生活方式对大学生的影响不可低估。另一方面，随着我国对外开放的不断扩大和社会主义市场经济的深入发展，社会竞争日趋激烈，人际关系日渐复杂，人们的价值观念也呈现出多元化的倾向，大学生在其思想的独立性、选择性和多变性日益增强，自强意识、创新意识、成才意识逐步确立的同时，也不同程度地存在政治信仰迷茫、理想信念模糊、价值取向扭曲、诚信意识淡薄、社会责任感缺乏、艰苦奋斗精神淡化、团结协作观念较差、心理素质欠佳等问题。思想政治理论课教育教学环境的复杂状况，要求思想政治理论课教师必须具备良好的身心素质，以坚定的信念和信心、坚强的毅力和意志，积极适应新的形势和要求，圆满地完成思想政治理论课的教育教学任务。

第三，思想政治理论课教育教学内容不断更新，学习、研究任务艰巨。思想政治理论课承担着对大学生进行系统的马克思主义理论教育的任务，是对大学生进行思想政治教育的主渠道。充分发挥思想政治理论课的作用，用马克思列宁主义、毛泽东思想和中国特色社会主义理论体系武装当代大学生，是党的教育方针的具体体现，是社会主义大学的本质特征，是党和国家事业长远发展的根本保证。马克思主义不是僵化和封闭的理论体系，而是随着实践的发展不断向前发展的，并产生新的理论创新成果，这就要求思想政治理论课必须随着马克思主义及其中国化的理论发展不断更新和充实其教育教学内容，因而其长期处于高负荷甚至超负荷的运转状态。

此外，不少思想政治理论课教师还面临着学位提升、职称评定等自身成长与发展的要求和压力，这对思想政治理论课教师的身心素质也是一种考验。

以上六个方面相辅相成、相互促进，有机地构成了思想政治理论课教师应有的素质结构。

第三节　高校思想政治理论课教师素质的优化路径

一、大力加强高校思想政治理论课教学科研组织建设

（一）建立健全教学科研组织机构

高校应当建立独立的、直属学校领导的思想政治理论课教学科研二级机构。该机构既是思想政治理论课教学部门和马克思主义理论研究机构，又是马克思主义理论学科的重要依托。其职责是统一管理思想政治理论课教师，负责思想政治理论教学、科研社会服务和相关管理工作；负责马克思主义理论学科建设、人才培养和教学科研梯队建设等工作。当前，成立马克思主义学院已成为必然选择。

（二）选配好教学科研组织负责人

将思想政治理论课教学科研组织负责人遴选配备和培养培训工作纳入学校干部队伍建设规划。要选拔政治强、业务精、作风正、懂管理的学术带头人和骨干教师作为思想政治理论课教学科研组织负责人。

二、认真做好高校思想政治理论课教师的选聘配备工作

（一）高校要坚持专任为主、专兼结合的原则

按照学生人数以及实际教学、科研和社会服务的需要，合理核定专任教师编制，配备足够数量和较高质量的思想政治理论课教师。

（二）实行教师任职资格准入制度

思想政治理论课教师必须坚持正确的政治方向，热爱马克思主义理论教育事业，具有良好的思想品德，有扎实的马克思主义理论基础和相应的教学水平、科研能力。新任教师原则上应是中国共产党党员，具备相关专业硕士以上学位，

工作期间应兼职从事班主任或辅导员工作。在事关政治原则、政治立场和政治方向的问题上不能与党中央保持一致的，不得从事思想政治理论课教学。

（三）不断充实教师队伍

思想政治理论课教学科研人员，应当从事思想政治理论公共课教学；学科带头人应当成为思想政治理论公共课程的教学带头人。建立开放、灵活的人才配置机制，吸引、鼓励校内相关专业学术带头人和教学骨干专职或兼职承担思想政治理论课教学任务，积极争取从社会各界聘任理论研究、教学单位和实际部门的专家学者和领导干部承担一定的思想政治理论课教学任务。注意发挥离退休哲学社会科学著名专家学者在思想政治理论课教育教学中的作用。有条件的高校应积极探索建立校际的教学协作机制。

三、切实加强高校思想政治理论课教师队伍的培养培训工作

（一）建立和完善培训体系

高校要制定教师培训规划，建立和完善有重点、分层次、多形式的培训体系，努力使培训工作经常化、制度化。重点深化岗前培训、课程轮训、骨干教师研修和在职培训。坚持先培训后上岗，着力提高新任教师适应岗位要求、胜任本职工作的能力。坚持每次开课前的全员再培训，做到先培训后开课。

（二）切实提高教学水平

思想政治理论课教师要以教材为教学基本准则，在教材体系向教学体系转化上下功夫，真正做到融会贯通、熟练驾驭、精辟讲解。要紧密联系改革开放和社会主义现代化建设的伟大实践，了解和掌握大学生思想政治状况，探索符合教育教学规律和大学生特点的教学方法，提倡启发式、参与式、互动式、案例式、研究式教学。多用学生喜闻乐见的语言、生动鲜活的事例、新颖活泼的形式活跃课堂气氛，启发学生思考，把科学理论讲清楚、说明白。定期评选思想政治理论课"精彩一课""精品教案""精彩多媒体"，定期组织教学观摩活动，推广先进的教学方法，促进优质教学资源建设和共享。注重发挥多媒体和网络等信息技术的重要作用，倡导在教学中使用新技术新手段，逐步实现教学手段现代化，开发网络教育资源，形成网上网下教学互动、校内校外资源共享。积极探索科学的考试考核方法，重点考查学生的思想政治素质和道德品质。

（三）组织开展社会实践和学习考查活动

高校要积极创造条件，组织教师开展社会实践和学习考查以及学术交流活动，使教师进一步了解国情、了解世界、开阔视野、丰富教学素材。

（四）开展继续教育，提高教师的整体素质

高校要制订教师继续教育计划，把组织教师在职学习作为主要途径，使广大教师边工作边提高。适时安排教师通过脱产或半脱产进修、名师指导、国内外学术交流等形式到重点高校进修深造。鼓励支持教师脱产或在职攻读博士、硕士学位，提升队伍的学位、学历层次。

四、为高校思想政治理论课教师队伍建设提供学科支撑

（一）加强科研能力的培养

将思想政治理论课的课程建设、教材建设、教学方法改革、教师队伍建设、学科建设以及教学中重要理论和实际问题的研究等作为重要选题，列入教育科学研究和人文社会科学研究规划中。

（二）加强马克思主义理论学科建设

根据马克思主义理论学科的性质、特点和要求，进一步凝练学科方向，把为思想政治理论课教学服务作为学科建设的重要任务，做好硕士生、博士生和专业学位研究生的培养及教师培训工作，为马克思主义理论研究和思想政治理论课教育教学培养高水平的人才。完善二级学科体系，为思想政治理论课提供对应支撑。进一步汇聚学科队伍，建设优秀教学团队，使思想政治理论课教师工作有条件、干事有平台、发展有空间，增强责任感和归属感。

五、切实为高校思想政治理论课教师队伍建设提供制度保障

（一）完善教学管理制度

按照学分学时对应原则，确保思想政治理论课的教学时数。要以中班教学（每班 100 名学生左右）为主体，组织开展教学活动。建立教学督导制度，加强教学质量的管理和监督。设立思想政治理论课教学专项经费，列入预算，并随着学校经费的增长逐年增加。

（二）完善实践教学制度

可以考虑从本科思想政治理论课现有学分中划出 2 个学分，从专科思想政治理论课现有学分中划出 1 个学分开展本专科思想政治理论课实践教学。要探索实践育人的长效机制，提供制度、条件和环境保障，确保不流于形式。

（三）完善教师表彰奖励机制

在各类教师表彰体系中，要对思想政治理论课教师的评比确定相应比例，进行统一表彰，增强教师的责任感和荣誉感。要及时发现、树立思想政治理论课教师先进典型，加大宣传、推广力度。

（四）完善教师队伍建设的考核评价体系

制定思想政治理论课教师工作考核的具体办法，健全考核体系。考核结果要与教师的职务聘任、晋级、奖惩等挂钩。考核不合格的，要待岗学习；不能胜任的，要转岗分流。根据思想政治理论课教师岗位职责要求，进一步完善专业技术职务评聘标准，注重考核教学能力和教学实绩。

（五）建立高校思想政治理论课教育教学测评体系

要将思想政治理论课教师队伍建设作为考核教学工作的一项重要内容，作为考核领导班子工作水平和工作绩效的重要依据。要充分发挥思想政治理论课教师在思想政治教育中的政治核心、战斗堡垒作用和先锋模范作用。

第五章　高校思想政治理论课教学质量提升的评价体系

教学质量的提高并不是一个自发的过程，而是一个自觉不断地加强建设的过程。这一过程的建构离不开质量评价。本章分为高校思想政治理论课教学质量评价的意义和高校思想政治理论课教学质量评价体系的构建两部分。主要内容包括：高校思想政治理论课教学质量评价的内涵与本质、高校思想政治理论课教学质量评价的要素与结构、高校思想政治理论课教学质量评价的对象以及高校思想政治理论课教学质量评价的特点等。

第一节　高校思想政治理论课教学质量评价概述

一、思想政治理论课教学质量评价的内涵与本质

思想政治理论课教学质量评价这一概念是思想政治理论课教学质量评价研究的逻辑起点。目前，学界虽然在一些专著和论文中提到过思想政治理论课教学质量评价以及相似或相关的概念，却没有对这一概念做出明确的科学界定。有比较才有鉴别，我们可以从评价、教育评价、教学质量评价的比较分析中明晰其内涵，揭示思想政治理论课教学质量评价的本质。

（一）评价

评价广泛运用于社会生活各个领域，如教育评价、道德评价、政治评价、管理评价、商品评价等，但我们要正确把握其内涵却不是简单的事情。在《现代汉语词典》中，评价的解释为：评定价值高低；评定的价值。在《牛津英

语词典》中，evaluate（评价）被解释为"to study the facts and then form an opinion about something."，意为在研究事实的基础上，形成对某事物的意见、观点。在哲学领域，评价属于价值哲学范畴，意为客体对于主体的意义、价值的判断。国内较早从事价值研究的李德顺就认为，"评价，是一定价值关系主体对这一价值关系的现实结果或可能后果的反应"。虽然国内外关于评价的理解不一，但在评价的本质与内涵上却有共识：①评价是一种价值判断，反映价值客体满足价值主体的需要的程度，离开了价值主体的需要，就不存在价值判断，也就不存在评价的意义。需要说明的是，在评价关系中，只有价值主体与评价主体相一致，才是评价关系。②评价反映的是价值事实，以事实判断为前提。评价虽然具有主体性，不同的评价主体，评价的结果存在差异性，甚至由于主体对价值事实的感受、态度、情感等倾向的差异性而相反，但价值事实是不以人的主观意志而改变的。可见，评价本质上是一种在价值事实基础上的价值判断，是事实判断与价值判断的统一。

（二）教育评价

评价运用于教育领域而形成的教育评价既古老又年轻，说它古老，在我国可以追溯到古代的科举考试，用来选拔、考核官员；说它年轻是因为真正明确提出教育评价这一概念，并且把评价系统运用到教育领域的是泰勒，根据"八年研究（1934—1942 年）"成果，他提出了著名的"泰勒原理"，即教育评价描述教育结果与教育目标实现的程度。而教育评价学从教育学分离，形成一门独立的新兴学科则源于美国 20 世纪 60 年代。目前教育评价已经经历了四个历史发展阶段，人们对教育评价这一概念的内涵和外延的认识也得到了发展和深化。

①测量时期。这是教育评价的第一发展阶段。19 世纪中叶，美国著名的教育家贺拉斯·曼在学校教育中引入了书面考试，对学生掌握知识的程度进行测量，用来测评学生的学业成就。当时测量与评价是同义语。一直到 20 世纪 30 年代，评价者被认为是了解某些重要变量——通常是学生变量的技术人员，他们需要找到或者构建起足够有效且可靠的工具，对变量进行测量、测验。

②描述时期。这是教育评价的第二发展阶段。20 世纪 30 年代，以杜威实用主义教育思想为指导的进步主义教育运动席卷美国，成立了以泰勒为首的教育评价委员会，进行了八年的实验研究，认为教育测量并不等于教育评价，评价不仅仅要报告学生的成绩，更要描述教育结果与教育目标的一致程度，从而发现问题，改进课程教材和教育教学方案与方法。强调评价者立足于目标，对

其进行操作化定义并获取信息。教育评价的"泰勒模式"开创了教育评价的新纪元，使教育评价走上了科学化道路。

③判断时期。这是教育评价的第三发展阶段。1957 年由于苏联人造卫星升空，引起人们对美国学校教育成效的怀疑，认为美国的学校教育在数学学习和自然科学方面很失败，从而掀起了新的一场教育教学改革。评论专家们认为评价者只是收集测验分数，描述绩效和目标之间的差距已经远远不够，他们还需要做出判断，即确定的教学目标是否需要评价、是否需要价值判断以及判断标准是什么等，代表人物有斯克瑞文、斯太克等。

④建构时期。这是教育评价的第四发展阶段。20 世纪 70 年代，以古巴和林肯等为代表的教育评价专家对传统的评价理论做出批评和反思，认为传统的评价理论存在"管理主义倾向""忽视价值的多元性""过分依赖实证的科学范式"等缺点，以此相对应，认为评价的本质是评价者与被评价者通过"协商"而进行共同"心理建构"的过程，突出评价的价值特性，反映价值多元化的趋势，重视人的主体意识，提出质性评价方法和"应答式"评价模式。在教育评价发展的各个历史阶段，教育评价的概念日益得到丰富和发展，人们对于教育评价的界定虽然存在分歧，但也有以下共识。

首先，教育评价的目的是为教育决策提供客观而真实的信息，完善教育过程，提高教育质量。评价作为人类有目的、有计划、有组织的实践行为，是指向一定目的的主观活动，毫无疑问，教育评价也不例外。尽管人们对于评价做出各种解释，无论是克隆巴赫强调过程的形成性评价还是泰勒强调效果的总结性评价，虽侧重点有所不同，但评价特有的目的从逻辑上讲只允许一个定义成立：评价是对某一事物价值、优劣以及意义的判断。人们可以用不同的方法进行判定，但是其必不可少的一个条件是通过某一过程来保障某个项目、产品、过程、计划、课程或人事的质量、有效性或价值。

其次，教育评价的本质是事实判断与价值判断的统一。建立在教育决策基础之上的信息的调查、收集、整理、统计应该是客观而真实的数据，即使是评价者对评价对象的价值判断也是建立在对价值客体满足价值主体需要的程度，即价值事实基础之上的，否则，缺乏客观事实的评价只能是评价主体的主观臆断。在教育评价发展的历程中，评价与测量相伴始终，无论是克隆巴赫的教育评价定义"收集和使用信息以对某个教育项目进行决策"，还是格朗兰德的定义"评价＝测量（量的记述）或非测量（质的记述）＋价值判断"，都体现了主观与客观、价值判断与事实判断的统一。

最后，教育评价体现评价主体的价值取向，反映评价主体的需要和利益。

教育评价就是作为价值客体的教育满足价值主体——个体与社会——需要的程度。判断教育在多大的程度上满足个体与社会的需要，既依赖于教育的价值事实，依赖于评价主体的需要和利益，又依赖于评价主体的主观能动性，是客观见之于主观的实践活动。

（三）思想政治理论课教学质量评价

首先，高校思想政治理论课教学评价具有鲜明的国家意识形态性。高等学校思想政治理论课是对大学生进行思想政治教育的主渠道，体现社会主义大学的本质要求。正是由于思想政治理论课体现社会主义性质和统治阶级的意识形态主导性要求，所以，思想政治理论课教学质量评价无论是教师的教学评价，还是学生的学习评价的标准无不突出其鲜明的政治性、阶级性等主流意识形态的规定要求。

其次，高校思想政治理论课教学评价具有综合性。一般性课程的教学评价无外乎可划分为知识性为主的教学评价、技能型为主的教学评价或者兼而有之的教学评价，而思想政治理论课教学评价要远远复杂得多，这是由思想政治理论课教学的功能决定的。思想政治理论课不仅要向大学生传授马克思主义理论知识，更重要的是帮助他们提高思想道德素质，而思想道德素质涉及人的思想、道德、情感、态度等非智力因素，相应的评价方法与形式与一般的课程相比要远远复杂得多，评价方式也呈现出知识评价与价值评价、量化评价与质性评价、精确评价与模糊评价、形成性评价与总结性评价、内在评价与外在评价等综合运用的特征。

最后，高校思想政治理论课教学质量评价具有模糊性。思想政治理论课的教学目的是通过课堂教学让青年大学生内化教学内容，提高他们的思想道德素质，形成符合社会主义主流意识形态的世界观、人生观与价值观。教学质量评价既包括学生掌握马克思主义理论知识体系的程度以及运用理论解决现实问题的能力，又包括通过教学引起学生思想道德素质变化发展的程度。像其他课程教学评价一样，知识与技能可以通过考试、问答、考核等形式进行精确的量化评价；学生思想观念的变化、思想道德素质的提升很难采取精确量化的方式进行测评。尽管随着科学技术的发展，思想道德素质量化测评范围日益扩大，但理想、信念、情感等非智力因素的内隐性，思想政治素质影响因素的多元性以及思想政治理论课教学效果的延时滞后性决定了思想政治理论课教学质量评价必然是精确评价与模糊评价的统一。

通过对评价、教育评价、思想政治理论课教学评价本质的比较分析，我们可以界定：思想政治理论课教学质量评价是指评价主体通过系统地收集、整理、反馈教学信息，依据一定的评价标准对思想政治理论课教学满足大学生个体和社会发展需要的程度进行价值判断并实现价值增值的活动过程。

二、思想政治理论课教学质量评价的要素与结构

思想政治理论课教学质量评价是由诸多要素构成的系统结构，每一个评价要素在系统中发挥着独特的功能和作用，思想政治理论课教学质量评价要做到可行、科学、客观，达到加强和改进思想政治理论课教学，提高教学质量的目的，需要各要素之间协调统一，形成合力，这样才能充分发挥各要素的功能，提高教学的实际效果。在评价系统中，评价主体与客体、评价标准与内容、评价原则与方法构成实体性要素。

（一）评价的主体

在教学质量评价系统中，评价主体居于支配地位，它可以选择评价客体、评价依据、评价方法、评价工具，还可以根据评价标准与信息进行价值判断，得出相应的评价结果，并及时反馈信息，从而推动教学的改进与完善。因此，评价主体是教学质量评价活动的实施者、监督者、鉴定者。正是由于评价主体在整个教学质量评价过程中具有话语权，处于主导地位，导致思想政治理论课教学相关的各个利益主体竞相争夺主体地位。目前关于谁是评价主体，还存在很多认识上的分歧，有的人认为思想政治理论课是"国家课程"，其教学最大的特点是体现国家的意识形态性，因此，评价主体应该是代表国家的教育教学管理部门及其派出的组织、机构、群体和个体；有的人认为，思想政治理论课教学是教师的教与学生的学相统一的辩证过程，因此，相应的评价主体应该是学生和教师；有的人认为，思想政治理论课评价要客观反映和评价课程教学对相关主体需求的满足程度，因而一切与思想政治理论课程发展有关的人员和机构都应作为评价主体。评价主体在认识上的分歧必然导致评价实践上的失位、错位甚至越位，无法发挥教学评价的功能。基于不同的评价目的、不同的评价视角，明确主客体的差异性、厘清主客体之间的关系是有效实施教学评价的基点。

1. 评价主客体确立的依据

主客体是属于哲学认识领域的基本范畴。主体是指处于一定的社会关系和社会历史条件下从事实践活动和认识活动的现实而具体的人，这里的人既可以

是单个的人，也可以是由单个人组成的群体、部门、组织、机构、社会。客体是指主体从事实践活动和认识活动时的对象，这里的对象既可以是事物也可以是人本身。需要指出的是主客体是在相互依存、相互比较、相互作用中得到自身的规定的，脱离一定的对象性关系是无法确定主客体的身份和地位的。同样，在思想政治理论课教学质量评价中，我们不能笼统地说学生、教师、同行、教学专家以及相应的组织机构等都是思想政治理论课教学质量的评价主体，思想政治理论课教学评价的主体与客体只能在特定的价值关系中才能确定。这需要厘清教学评价的主客体关系，即需要正确理解价值主体与价值客体之间的价值关系、评价主体与评价客体之间的评价关系。

教学的价值主体应该是受教育者和社会，其中青年大学生是教学的直接享用者，是直接的价值主体；思想政治理论课教学满足社会发展的需要是通过教学的产品——学生——的综合素质表现出来的，反映社会对思想政治理论课教学的人才培养要求，是间接的价值主体。思想政治理论课教学和大学生与社会构成了一定的价值关系，思想政治理论课教学质量评价就是评价主体对这种价值关系的结果——价值事实——的评价，也就是说评价客体（严格来说是评价对象）并不是价值客体本身，而是思想政治理论课教学与大学生、社会之间的价值关系的结果——价值事实，这在思想政治理论课教学评价研究者中已经形成共识。评价主体是否就是价值主体呢？只有当价值主体进行评价活动时，他才会成为评价主体，站在旁观者的角度，他可能就不是评价主体。这种判断混淆了思想政治理论课教学价值评价与价值认识两者之间的关系。旁观者只能是价值事实的认识者而不是评价者，否则任何人都可以成为思想政治理论课教学质量的评价主体。事实上，价值关系的结果（价值事实）可以成为任何人的认识活动的对象，两者之间是事实判断而不是价值判断。因此，在思想政治理论课这一价值客体与价值主体（学生与社会）的价值关系中，价值关系的主体（学生与社会）既是价值主体也是评价主体。

2. 多元评价主体确立的科学性

有人认为高校思想政治理论课评价是一个社会系统工程，评价主体既包括管理主体，也包括教育主体、学习主体和用人主体。有人认为评价主体包括个人评价主体和社会评价主体；有人认为评价主体虽然具有多样性，但主要是与思想政治理论课教学相关的主体。目前，专家们关于思想政治理论课教学评价主体的确立和分类虽然存在一定的分歧，但多元评价主体已经形成共识。思想政治理论课既要培养大学生形成符合社会主义主流意识形态的思想观念、政治观念、道德观念和价值观念等社会意识，体现社会发展的需要，具有工具性价值，又要满足青年大学生提高自身素质的迫切需求，体现个体生存与发展的需要，具有终极性价值。思想政治理论课教育教学的双重价值决定了思想政治理论课教学评价多元主体存在的合理性与合法性。

3. 多元评价主体的层次结构

尽管思想政治理论课教学多元评价主体存在合理性，但各评价主体并不是处于平行状态，而是处于一定的层次结构中的。在评价思想政治理论课教学是否能够满足价值主体——学生的需要时，学生既是唯一的价值主体，又是唯一的评价主体。

因为大学生处于这样特定的价值关系中，只有他们才有资格评价思想政治理论课教学是否能够满足自己发展的需要。在这样特定的价值关系中，教育者（包括同行）、管理者、教育教学专家等是价值关系的旁观者，他们无法也不可能代替大学生本人成为思想政治理论课教学质量评价的主体。青年大学生已经具有一定的社会经历和知识结构，他们具有一定的认识能力、判断能力和选择能力，而且他们是思想政治理论课教学的直接参与者、体验者和享用者，我们不能因为他们有这样或那样的弱点而弱化甚至剥夺他们评价的权利，从整体来说，他们的评价才是真正客观、公正、真实的。当然，思想政治理论课的价值是通过教学这一中介环节实现的。只有实现有效教学，为大学生所接受，满足大学生个体发展的需要，才能实现"质"与"量"的统一。从学生的学习质量视角看，教师最有发言权；从教师的教学质量视角看，大学生最有发言权。因此，教师与学生也理应成为思想政治理论课教学质量最基本的评价主体。在满足社会发展需要这一特定的价值关系中，评价主体也只能是社会而不是大学生。当然，由于社会不是实体，而是一个由个体、群体、阶层等构成的人类生活共同体，其本身无法承担起具体的思想政治理论课教学评价责任，社会评价也不可能是所有构成社会的个体、阶层、群体、阶级等评价的总和。按照马克思主义的观点，社会评价作为社会意识的一种，必然是阶级意识占据统治地位。社会评价的主体也必然是占据统治地位的个体、群体、阶层、阶级。我国的社会主义国家性质决定了代表社会评价的主体应该是国家行政机构及其派出的组织、部门、群体和个体。在思想政治理论课教学质量的评价实践中可以由各级教育教学主管部门,如教育部、省级教育管理部门、学校教学管理部门、学院（系）党政部门、思想政治理论课教研室等部门、机构及其组织的思想政治理论课教学教育专家、从事思想政治理论课教学的教师等代行社会职能，评价思想政治理论课教学是否满足社会主义意识形态的主导性要求。同时，由社会发展需要派生出诸多其他层次的需要，如家长需要、企业需要、群体需要、阶层需要等都从属于这一需要。

（二）评价的对象

明确了思想政治理论课教学质量评价的主体，解决了"谁评价"的问题。与此相对应，还需要对教学质量评价的对象进行明确，解决"评价谁"的问题。评价的对象是相对于评价主体而言的，即评价主体根据一定的评价标准，对价值客体满足价值主体需要的程度进行价值判断。所以，评价对象并不是价值客体本身，而是价值客体与价值主体之间存在的价值关系。只有在特定的价值关系中，才能对教学质量评价的对象加以确定。在教学质量评价实践中，思想政治理论课教学与社会和大学生个体之间存在的价值关系成为评价的对象。

当然，由于思想政治理论课与社会和大学生个体之间的价值关系不是实体性的存在，而且只有通过教师的教学活动这一媒介（环节）才能实现，在具体的教学质量评价实践中，评价主体往往把评价客体等同于思想政治理论课教学满足社会与大学生发展需要这一价值关系的相关影响因子。因此，从教学质量评价实践的操作层面来说，教学质量的评价对象主要分为以下几种。

1. 教学目标的评价

对思想政治理论课教学目标的评价主要是指教学目标的确立是否科学、合理、可行。一是评价教学目标是否符合大学生身心发展与思想政治理论课教育教学的规律，解决教学目标的科学性；二是评价教学目标是否符合社会发展的长远需要和现实需要，解决目标实现的合理性；三是评价教学目标在特定的历史条件下是否规范、具体、可操作，解决目标的可行性。

2. 课程方案的评价

对思想政治理论课教学方案的评价主要包括教学计划、教学大纲、教材的评价等。对课程教学计划的评价就是指对课程编制的指导思想、培养目标、课程设置及其相关问题的评价。对教学大纲的评价主要是评价教学大纲规定的教学目标与课程计划的一致性，教学内容的方向性、理论性、时代性、实践性、逻辑性以及教学方法的实效性。教材是根据教学大纲的规定，把一定的学科内容按逻辑关系与学生的学习规律加以组织的教学载体。评价教材的根本目的就是要提高教材编写质量，为提高教学质量服务。评价教材主要是评价教材内容的科学性、教材体系的逻辑性、理论的先进性、语言的规范性等，确保教材建设要充分体现当代中国马克思主义发展的最新成果。

3. 教学工作的评价

广义的教学工作应该既包括教学管理又包括课堂教学在内。教学工作评价主要包括教学管理工作的评价、课堂教学的评价、教学效果的评价。教学管理的评价主要是看课程教学的领导体制、机制、机构、制度、师资队伍建设等是否按照中央的要求和相关的文件贯彻落实；教师课堂教学的评价主要是指对教师教学过程的评价，教学过程是教师的教学与学生的学习相统一的过程。因此，对教学过程的评价既包括对教师教学过程的评价，又包括对学生学习过程的评价。对教师教学过程的评价主要包括教育者、教学方法、教学手段、教学载体等方面的评价；对学生学习过程的评价主要是指对学生学习效果、内化教学内容与外化为行为实践的评价。教学质量的高低取决于思想政治理论课教学满足学生与社会发展需要的程度，最终体现于学生身上。

4. 教学条件的评价

教学条件是指实现教学的物质基础与制度保障。思想政治理论课教学条件评价是指对思想政治理论课教学环境、设施建设、经费投入、资源利用、教学技术运用、实践基地建设等硬件的评价以及对保障教学工作顺利进行的"软件"，如教学制度、规范等的评价。

（三）评价的标准

评价标准是思想政治理论课教学质量评价的核心，它关涉评价的具体内容与依据，决定了评价的科学性、规范性和可行性。尽管思想政治理论课作为一门"国家课程"，有着明确的教学目的和人才培养目标，各门课程都有相应的规范标准，但在评价实践中，各高校人才培养目标存在差异，教育教学条件有别，各专业学生的接受能力有异，导致思想政治理论课教学效果等也不同，决定了思想政治理论课教学评价的具体内容和要求也存在很大的差异性。同时教学质量评价涉及教学、管理、服务、科研、环境等诸多要素，评价的对象不同，评价的标准也不同。

教学质量评价标准不是评价主体随意设定的。无论是大学生个体发展需要还是社会发展需要，其内在驱动力都是来自不同主体自身的利益诉求，这种主体的需要和利益并不是主观的，并不是依据主体的主观意识随意决定的，因为它们的需要和利益服从于人自身发展的内在尺度和客观世界的外在尺度的有机统一。价值客体思想政治理论课的属性或功能体现于课程体系之中。毫无疑问，大学生处于人生发展的黄金期，他们具有提高自己的思想素质、政治素质、道德素质、法律素质等方面的内在需求。但思想政治理论课本身无法也不可能直接满足大学生和社会发展的需要，而需要通过教学实践这一中介环节实现。因此，评价标准毫无疑问也涉及思想政治理论课教学的要素、过程与效果。这也是目前大多数研究者把教学质量评价标准转化为一般的教学质量标准本身，评价的内容也转化为教学质量的影响因子、教学过程和教学效果的原因所在。这种标准虽然具有一定的合理性，但往往容易忽视思想政治理论课教学质量评价的本质，即能否满足、多大程度上满足价值主体的需要。思想政治理论课价值主体之一——大学生——最大的需要就是能够获得适应现实社会生存、发展需要的知识、技能（这是他们获得物质需求的手段和工具）和理想信念等（这是他们生存发展所必需的精神需求），提高自己的综合素质，树立科学的世界观、人生观和价值观；社会的最大需要就是通过思想政治理论课培养社会主义社会的合格建设者和接班人，维护社会主义意识形态的主导性地位。这是否意味着价值主体的不同、利益和需要的不同而导致价值标准也不同呢？思想政治理论课不可能存在着两种评价标准，无论是学生还是社会，它们的根本需要存在一致性。人的发展制约于社会发展，社会发展的根本目的是促进人的发展，思想政治理论课教学质量的评价标准应该是大学生内在尺度的价值标准和社会外在尺度的价值标准的统一。思想政治理论课教学实践表明，脱离社会主体的社会主义意识形态的主导性要求，思想政治理论课就失去了存在、发展的基础；脱离大学生现实生存、发展的需要，思想政治理论课教学内容在大学生视野之外就无法被接受，思想政治理论课同样也无教学质量可言。大学生无论作为个体还是群体，他们的利益与社会的根本利益并不是完全一致的，这种利益的不一致是个体的眼前利益与长远利益、个体利益与社会整体利益在一定社会发展阶段存在矛盾的体现。在这种情况下，我们在充分尊重大学生合理的价值需求的同时，从长远利益和社会整体利益出发，"应当把确保实现党和国家给定性的课程内容、标准和基本要求放在第一位"。

三、高校思想政治理论课教学质量评价的对象

教学评价是按照教学目标对教学过程及结果进行价值判断，并为教学决策服务的活动。关于教学评价对象，不同学者和专家有不同的观点。如美国学者格朗兰德（Grande）就认为："评价是为了确定学生实现教学目标的程度，收集、分析和解释信息的系统。"我国学者吴文侃也认为："教学评价，就是通

过各种测量，系统地收集证据，从而对学生通过教学发生的行为变化予以确定。教学的评价对象是学生的学习过程及其结果，评价者是任课教师。"但随着教育教学理论和实践的发展，学术界对教学评价对象的认识开始由片面走向全面、由一元走向多元，开始把教学活动作为一个动态的过程和有机的系统，从整体上来认识和把握。高校思想政治理论课教学质量评价是一个动态的、长期的过程，它涉及学校的教学管理、资源配置，教师的教学能力，学生的学习态度、学习成效等多个方面，其评价对象具有多元性和广泛性。

由此可见，高校思想政治理论课教学有很多评价对象，包括评价教师、评价学生、评价课程和教材、评价教学过程、评价学习过程、评价教学管理、评价教学效果、对教学评价的再评价等。"课堂教学的评价指标，又包含与目标因素有关的指标、与学生因素有关的指标、与教师因素有关的指标、与教材因素有关的指标、与教学方法和管理有关的指标等。而课程与教学材料的评价指标，则强调教育性、科学性、技术性、艺术性和经济性等五条基本标准。"高校思想政治理论课的教学活动，其实质上就是教师与学生的互动过程，是教师教的活动与学生学的活动的有机统一。因此，在高校思想政治理论课教学评价对象的诸多因素中，教师及其教的活动与学生及其学的活动是教学质量评价的中心环节。

四、高校思想政治理论课教学质量评价的特点

（一）政治性

高校思想政治理论课教学质量评价的政治性是高校思想政治理论课本质属性的自然延伸。高校思想政治理论课教学的目的在于使学生在掌握马克思主义理论的基础上，能够正确地运用这个理论知识去解释、解决中国特色社会主义现代化建设中的实际问题。因此，高校思想政治理论课教学质量评价，应该侧重考查学生对于马克思主义理论基本知识、观点和方法的应用能力，而这些能力主要是一种政治能力。在教学质量评价的内容方面，应该主要放在教师对于马克思主义理论和社会主流思想政治意识形态的传播能力，以及学生的马克思主义理论和思想政治品德的发展状况上。所以，在高校思想政治理论课教学质量评价过程中，必须坚持正确的政治方向这一评价标准，必须与国家所倡导的主流价值观保持一致，必须与党和国家的思想理论体系和路线方针政策指向一致。

（二）针对性

高校思想政治理论课教学质量评价的针对性是与思想政治理论课的教学内容相互关联的。高校思想政治理论课教学质量评价的目的主要是考核马克思主义理论教育教学和思想品德教育教学的实际效果，这是其特殊性的标志。同时，高校思想政治理论课教学质量评价主要是评估思想政治理论课教学对大学生思想品德发展的价值、功能和作用以及实际的效果。另一方面，高校思想政治理论课教学质量评价虽然包括多方面的评价内容，但评价主要是评价参与思想政治理论课教学的主体和客体，评价思想政治理论课的教授过程和学习过程等。

（三）复合性

高校思想政治理论课教学质量评价的复合性是与思想政治理论课教学目标的多样性密不可分的。美国教育心理学家布卢姆曾提出，教育教学的目标有三个方面：认知领域（包括知识、理解、运用、分析、综合、评价等由低到高的六层次目标）；情感领域（包括接受、反应、形成价值观念、组织价值体系、价值个性化等目标层次）；动作技能领域（包括知觉、行动、动作、体能、交际等多项目标）。高校其他课程的教学目标通常主要涉及认知领域和动作技能领域。但是，思想政治理论课的教学目标不仅涉及认知领域，而且还涉及情感领域和动作技能领域，它要求学生在学习思想政治理论课的相关内容之后，不仅要在情感领域予以接受和内化，而且要在动作技能领域勇于实践、不断外化，从而做到知行统一。这一要求反映到思想政治理论课教学质量评价上，就是把知识、情感、技能、态度、政治观、价值观等内容融合在一起进行综合评价。

五、高校思想政治理论课教学质量评价的功能

（一）导向功能

导向功能主要是指评价目标的导向机制。高校思想政治理论课教学评价具有引导学生向预定教学目标前进的功效和能力，即对高校思想政治理论课教学具有指导意向的作用。其导向功能体现在对思想政治理论课教学管理的导向、对教学内容与方法的导向、对学生思想政治理论课学习的导向三个方面。高校思想政治理论课的教学目标一般具有方向性和客观性等特点。在进行思想政治理论课教学质量评价时，首先要制定评价目标、指标、体系和权重等方面的内容，从而引导教和学更符合规律，并通过质量评价的不断反馈和调节，发现教学中所存在的问题与不足，使学校领导、教师的教学工作不断完善，不断逼近

理想目标，端正办学思想，使学生的学习不断强化、不断改进。

（二）反馈功能

激励功能主要是指通过教学质量评价，可以对教师教育活动的目标、内容、形式和方法产生积极的反馈影响，使被评价者通过评价看到自己的成绩和不足，并从中不断发现成功与失败的原因，研究问题所在，探索解决问题的办法，并激励和强化其责任感和高度的工作热情，驱动教师的内部活力，促进教师素质的提升，增强学生积极参与学习的信心，促进自己思想政治素质的进一步提高，从而达到优化教学、大面积提高教育质量的目的。

（三）激励功能

激励功能主要是指评价可以使被评价者看到自己的成绩和不足，找到或发现成功与失败的原因；能够激发起教师和学生继续改进教与学、发扬优点、努力学习的内在需要和动机；能够增强学生学习的热情和信心，驱动师生内部活力，从而调动起师生在教学活动中的积极性。

（四）鉴定功能

鉴定功能主要是指对高校思想政治理论课教学过程和效果进行分值判断。教学鉴定是根据高校思想政治理论课的教学目标，经过一个学期或者一年的教学工作后，对教师的教学行为、教学技能，学生的学习行为、学习能力及学习效果等进行价值的判断。

（五）决策功能

科学、有效的教学评价是高校思想政治理论课教学决策的基础，只有对教学工作有全面和准确的了解与把握，才能对教学情况做出客观的评价，并把结果作为学校、教师、学生以后改进工作、修正计划的依据，教育系统才能做出正确的决策。

六、高校思想政治理论课教学质量评价的意义

教学过程主要是按一定的认识（学习）任务和内容，依据认识的规律和学生认识特点，而组织进行的逐步掌握和运用知识的活动过程。教学活动的目的是让学生接受相应的科学技术与人文知识、技能，从而引导学生在能力、素质等方面发生一定的变化。教师的课程教学能否获得良好的学习效果，是课程教学质量评价的主要内容。正确判断高校思想政治理论课的教学条件、教学水平、

教学效果，科学地进行思想政治理论课教学质量评价，对于切实掌握教师履行职责的状况，调动教师的积极性，推动教师不断提高自身素质和教学水平，从而提高思想政治理论课教学质量具有重要的现实意义。

①高校思想政治理论课教学质量评价是思想政治理论课的方向性需要。通过高校思想政治理论课教学质量评价，充分发挥评价的导向功能，学校和思想政治理论课教师明确教学方向和质量标准，树立正确的价值观和质量观，以保证高校思想政治理论课的发展方向。

②高校思想政治理论课教学质量评价是优化教学的重要举措。通过教学质量评价，可以准确及时地为领导、教师提供管理、教学的反馈信息，及时调节，及时完善，改进教学，不断提高学校的教学管理水平，使管理、教学更加科学化。

③高校思想政治理论课教学质量评价是提高教育质量的有效手段。教学质量评价的实施本身就是高等教育改革的重要内容。思想政治理论课教学质量评价，能推动、调节和控制教育教学改革，促进教育教学的发展，有效提高教学质量。

所以，高校思想政治理论课教学质量评价，是评价师生教学质量的一种过程和方法，也是高校思想政治理论课教学的重要组成部分，更是提高教学质量的重要手段。

七、高校思想政治理论课教学质量评价的原则

高校思想政治理论课教学质量评价，是思想政治理论课教育管理的重要措施之一。通过对高校思想政治理论课教学质量进行科学的、整体的、稳定的、主动的价值判断，可以为教育教学决策提供信息。能否科学地、有价值地进行评价，关系到思想政治理论课教学的发展方向和人才培养的质量。高校思想政治理论课教学质量评价要坚持以马克思主义为指导，贯彻党的教育方针，落实现代教育观、全面发展观。具体而言，科学评价高校思想政治理论课教学质量，就要坚持以下原则。

（一）方向性原则

高校思想政治理论课教学质量评价的方向性原则是指评价要坚持社会主义方向，坚持四项基本原则，坚持党的教育方针和培养目标，坚持思想政治理论课教学的性质和任务。评价指标体系以及评价活动，要与大学生思想政治教育总目标相一致，要与党和国家的教育方针、规范、政策和法律法规中规定的教育目标、德育目标等相一致。

（二）整体性原则

高校思想政治理论课教学质量评价的整体性是指在对高校思想政治理论课教学质量进行评价时，要对评价对象的各个因素，进行不同侧面、不同水平的全方位的评价，不能以偏概全，以局部代整体。因此，高校思想政治理论课教学质量评价要从整体出发，运用多指标，综合评价，力求使评价能够比较客观、全面、全过程地反映思想政治理论课教学的实际状况。

（三）动态性原则

评价的标准、手段、方法要与高校思想政治理论课教学的实际紧密地结合起来，要随着时代和形势的发展不断调节。通过不断反馈，不断调节，高校思想政治理论课教学质量评价体系日益完善。

（四）公平性原则

高校思想政治理论课教学质量评价的公平性原则是指评价要体现公平性，在同一范围内，对同类评价对象，必须用同一标准，不要此一标准，彼一标准；在短期内，如果评价标准未做改动，对同类评价对象的评价标准应保持一致性，不要彼时一标准，此时则另一标准；评价指标、标准、权数和分值的确定要合情合理，评定等级也要合理合情；评价活动要有透明性、群众性和民主性。

（五）客观性原则

高校思想政治理论课教学质量评价的客观性原则是指评价的过程和结果都应符合客观实际，尊重客观事实，实事求是。主要体现在：评价时要深入实际，广泛听取意见，全面收集资料，确保评价信息来源的客观性；不随意夸大或缩小客观事实，鉴定要准确，评议要恰如其分；排除个人主观偏见或个人情感因素的干扰，善于明察事实真相，以客观事实为依据来做出准确的评价结论。

（六）科学性原则

高校思想政治理论课教学质量评价的科学性原则是指评价过程的各个环节都要符合科学要求。主要包括以下方面：按照教学质量评价活动的客观规律去开展评价活动；构建一个科学合理的评价指标体系，设计出符合科学实施程序的教育评价方案，并正确掌握科学的评价方法、手段和技术；评价过程的每一个细节，都要严肃认真地对待，必须有严谨的科学态度；将定性分析与定量分析结合起来；将静态评价与动态评价结合起来；将他评与自评结合起来；将结果性评价与过程性评价结合起来等。

第二节　高校思想政治理论课教学质量评价指标体系的构建

一、高校思想政治理论课教学质量评价指标体系的构建依据

（一）理论依据

首先，构建思想政治理论课教学质量评价指标体系的理论基础是马克思主义的相关评价理论。思想政治理论课教学质量评价指标体系的相关理论与马克思主义的相关评价理论是个性与共性的关系。在构建思想政治理论课教学质量评价指标体系时应遵循马克思主义的相关理论，这些理论包括：一个是马克思主义价值论。它以人文科学中共性的、一般的价值问题为对象，从世界观、方法论的高度进行研究。构建评估指标体系首先要明确价值导向，才能合理把握评价的实质，否则，在制定评价标准时难免出现不科学、不客观的现象。除了马克思主义价值论外，另一个重要的理论就是人的全面发展理论。它是思想政治理论课教学质量评估指标体系构建的重要指导思想，指的是身心的全面发展，结合中国特色来说就是注重人的德智体全面发展。在构建评价指标体系时应注意将评价内容与人的全面发展相联系，在具体操作时也要根据特定需要适当调整。

其次，思想政治教育学的相关理论是构建思想政治理论课教学质量评价指标体系的直接理论依据。它主要包括人的思想品德结构和发展理论。思想品德是一个综合系统，是在一定的思想指引下，人们品行中形成的较为稳定的心理特点思想倾向和行为习惯总和。它与一定的经济活动、政治活动、道德风尚及风俗习惯相联系，受到社会发展水平的制约。人的思想品德结构又是由形式和内容两部分构成的，人的思想品德发展则是主体的知、情、信、意、行在内部与外部相适应的过程中由不平衡到平衡的矛盾运动。

对于青少年群体来说，其特点包括：情感因素丰富、深入；思想过程波动强烈及因素范围大；情感需求与道德需求相联系；道德情感存在意识性等。

最后，高等教育学的相关评价理论也为思想政治理论课教学质量评价指标体系的构建提供了相关理论依据。在高等教育形成与不断发展的过程中，各种评价理论和手段在日趋成熟和进步，该领域的相关学者和权威专家经过长期的探索与研究，对比中西在高等教育学相关评价理论方面的特点，去粗取精、去

伪存真，将有利于我国高等教育学发展的相关评价理论进行了充分的整合，形成了具有充分借鉴价值的理论体系。由于构建思想政治理论课教学质量评价指标体系是一件技术性较强的工作，需要充分考虑各方面的因素，合理借鉴相关的成熟理论，因此，高等教育学的相关评价理论就为指标体系的构建提供了重要依据。

（二）现实与发展依据

教学工作归根结底是为了培养社会的有用之才，构建高校思想政治理论课教学质量评价指标体系的目的也是一样。具体说来，其现实与发展依据主要可以归结为以下几项。

1. 社会发展对人才的客观需求

教育与社会发展是密不可分的，构建思想政治理论课教学质量评价指标体系也是为了社会的实际建设需要而采取的教育措施。应该秉承什么评价原则、重点评价哪些方面、采取哪些有效的评价方式、评价效果与什么相挂钩等，都应该与社会实际发展相联系。现阶段，我国正处在市场经济体制全面发展时期，各项建设事业都需要高素质的专业人才，然而，也正是由于市场经济体制的影响，为了保证思想领域的建设性，使其不偏离正确的轨道，则对人才的综合素质提出了更高的要求。这些要求不仅包括专业素质、实践能力，还包括较高的素质要求。

2. 学科建设的客观要求

思想政治教育学自创立以来，纵观其整个发展与研究情况，可以总结出，思想政治教育学正在由经验形态转向科学化方向。从个别论述到百花齐放，思想政治教育这一学科走过了科学发展的道路。根据其以研究思想和政治为主要精神的相关研究特点，将该学科专业命名为"思想政治教育"。而思想政治理论课是对学生进行思想政治教育的主要理论平台，因此，思想政治理论课教学质量能否得到实质意义上的提高，在很大程度上取决于能否制定出科学的评价指标体系，而这一指标体系的建立也正符合了思想政治教育学科的建设要求。

3. 学生自身的发展需求

学生作为教学对象，其发展与进步状况是决定教学效果的主要因素。学生既是一个整体的代名词，又是个体的代名词，因此，在实施教育的过程中应充分考虑共性与个性的差异，合理安排整个教学工作。与其相同的，构建高校思想政治理论课教学质量评价指标体系时，也应充分考虑学生的整体学习需求和个体学习需求，兼顾这两方面，而不是偏重一方，科学制定评价标准，合理选取评价手段，以达到适应学生自身发展需求的目的。

（三）政策与法律依据

与思想政治理论课教学评价指标体系相关的政策与法律依据很多，既有国家颁布的法律与文件，也有各省、市高校根据所在地区政府的具体要求和结合自身的实际情况遵循的相关依据。国家方面制定的政策与法律依据很多，如《中国普通高等学校德育大纲》是针对高校进行德育评价和监督的权威性纲要；《中共中央、国务院关于进一步加强和改进大学生思想政治教育的意见》及其配套文件也规定了新时期高校思想政治教育的相关内容。地方制定的相关政策依据如广东省政府出台的《中共广东省委、广东省人民政府关于进一步加强和改进大学生思想政治教育的实施意见》等。

涉及高校思想政治理论课的法规文件也很多，如党中央于2005年出台的《中共中央宣传部、教育部关于进一步加强和改进高等学校思想政治理论课的意见》提出了："要加强新形势下对高校思想政治理论课的重视，大力推进该课程的学科建设，做到有针对性地对课程体系进行完善，科学编写教材，在原有教学方法的基础上进行改革和创新，将师资队伍的塑造放在重要位置，加强党对思想政治理论课的充分有效指导。"这些都为构建高校思想政治理论课教学质量评价指标体系提供了政策与法律依据。

二、高校思想政治理论课教学质量评价指标体系的构建原则

（一）科学性与实用性相结合

科学性是指构建思想政治理论课教学质量评价指标体系时应注意遵循思想政治理论课的课程性质和教学规律，结合时代背景和党中央相关要求，与时俱进，明确思想政治理论课的教学目标，并根据教学目标制定科学合理的评价标准。在设置指标和权重时应采用科学的方法。同时，在注重科学性的同时也应兼顾到实用性，将定性分析与定量分析相结合，充分重视评价指标体系在使用时的信度与效度问题。在进行评价的同时，重视对评价自身的评价，增强其本身的实用性，推进思想政治理论课的改革与创新，推进学生的认知和实践。

（二）完善性与针对性相结合

思想政治理论课教学质量评价指标体系的完善性也就是指标体系的系统性

与充实性。而针对性则是指在制定指标体系时应该注重评价主体的个性。首先，一个完善的思想政治理论课教学质量评价指标体系应该包括评价主体、评价对象、评价指标、指标权重、评价方法等方面，在设置这些要素时必须兼顾课程的性质、特点、评价目标等方方面面。然而在这个过程中，也不能太过于僵化，这就涉及针对性原则了，因不同地区、不同性质的高校在不同时期有各自的建设特点，因此在设置指标和确立权重时，应该做出适当的科学调整。

（三）普遍性与可比性相结合

思想政治理论课教学质量评价指标体系应该具有普遍适用的特点，也就是说指标体系设置时应该涵盖高校思想政治理论课教学质量评价的共性，具有普遍适用的模板效用，才称得上是成功的。当然，普遍适用并不是说完全一样，一成不变，就如设置评价指标和权重时要有针对性一样，各个地区、各个性质的高校也应该根据自己的实际需要在细节上做出适当的调整，形成针对性和可比性，只有这样才能促进思想政治理论课教学质量评价指标体系的进步。

（四）简便性与有效性相结合

思想政治理论课教学质量评价指标体系是拿来应用的，因此不宜设计得过于烦琐，因为过于烦琐的指标体系不便于操作，反而为教学质量评价工作增添了很多不必要的麻烦，而应该秉持简便性的原则，让人一目了然，操作起来更方便一些。但是简便的评价指标体系构建并不是意味着降低评价效果，相反的，应争取以最方便的操作赢得最好的效果，这也符合国家提倡的构建节约型社会思想，以最小的成本投入实现尽可能大的利益获得。

第六章　提升高校思想政治理论课教学质量的策略思考

提高高校思想政治理论课教学质量，对落实立德树人根本任务、解决思想政治理论课教学的主要矛盾、增强师生获得感具有重要作用。当前高校思想政治理论课教学在目标内容、方法载体、教师素养、管理保障方面还存在着问题，应从深化教学内容改革、创新教学方式手段、提升教师综合素养、完善保障体系入手加大改革创新力度，不断提升思想政治理论课教学的实效性。本章分为丰富高校思想政治理论课教学的内容、创新高校思想政治理论课教学的基本形式以及建立高校思想政治理论课教学质量监测的长效机制三部分。主要内容包括：高校思想政治教育内容的创新、高校思想政治教育内容优化组合原则、高校思想政治理论课教学的基本形式等。

第一节　丰富高校思想政治理论课教学的内容

一、高校思想政治教育内容的丰富创新

创新是一个民族的灵魂，是一个国家兴旺发达的不竭源泉。高校思想政治教育的旺盛生命力也在于它的与时俱进的创新性。当前我国正处于一个大变革、大发展的时代，国内外的经济和社会生活的新情况和新问题引起了人们思想上的震动，高校思想政治教育的内容也要针对现实情况不断地创新。

（一）思想教育内容的创新

思想教育是高校思想政治教育工作中的首要任务，它主要是进行世界观和方法论的教育，是为了解决人们的主观思想和客观实际不相符合的问题。高校

思想政治教育使人们能树立正确的世界观，正确地认识客观世界。现阶段我们加强思想教育的关键是要运用马克思列宁主义、毛泽东思想和邓小平理论武装人们的头脑，巩固社会主义意识形态的主导地位。

在新的时代背景下，思想教育的内容在继承传统思想内容精华的基础上又有了新的变化。马克思主义的唯物论和辩证法是科学的世界观和方法论。这是我们认识和改造世界最为根本的武器，这在任何时候都是不能丢的。我们要广泛地宣传它的基本原理和基本观点，帮助和引导人们划清唯物论与唯心论、无神论与有神论、科学与迷信、文明与愚昧的界限，增强识别和抵制唯心主义、封建主义及各种伪科学的能力。

进行科学知识教育，形成科学思想，弘扬科学精神，培养科学方法。近几年来，社会上各种迷信活动日渐泛滥，封建活动重兴，邪教非法活动突出，反科学、伪科学活动日渐成风。在科学技术日渐发达、知识经济曙光初见的21世纪，人们（甚至还包括一些高学历的知识分子）都抵制不了迷信和伪科学，不外乎两个层面的原因，即知识结构层面和思想领域层面。对于大多数的知识分子人群而言，原因可能会出现在两个层面上，而对于社会中高学历知识分子或是一些科学工作者来说恐怕是思想领域层面的原因，即缺乏科学精神。因此，在思想教育的过程中，也要加强科学知识教育，积极地弘扬科学精神，培养科学的思维方式，对人们进行自然科学知识教育，帮助受教育者树立科学的世界观，特别是自然观，正确处理人与自然的关系。社会科学可以帮助受教育者树立正确的社会结构观和社会发展观，思维科学知识可以帮助受教育者形成科学的思维方式等。总之，科学知识教育是用于回答关于世界的本质和规律的问题，即世界是什么的问题的教育。在思想教育过程中加强科学知识教育，使受教育者具有接受其他教育的基础和条件，因为他们首先要解决世界观问题。由于受教育者的层次性和个性化的特点，受教育者世界观错误的原因也是多样化的。在一些学富五车的知识分子群体中，他们缺乏的不是科学知识，而是缺乏一种对科学知识的创新，缺乏一种对世界奥秘的不断探求的勇气，即一种科学精神的缺失。科学精神追求真理，摒弃迷信和伪科学。科学精神的灵魂就是创新意识。对于世界本质及人自身的认识，都需要有科学的态度，具备科学精神。在认识世界及人生时还需有一种科学的思维方式。科学的思维方式是人们认识事物的条件和前提。

思想教育是我国社会主义现代化建设的重要保证。当前，在社会主义现代化过程中，就是要用中国特色社会主义理论教育干部和群众，特别是要认真学习和贯彻"三个代表"的重要思想，使人们的内在价值与外在行为规范和谐统一。江泽民同志在 2000 年中央思想政治工作会议上指出，新形势新任务以及思想政治工作的现状，要求我们必须大力加强和改进党的思想政治工作。这是保证我们党始终代表中国先进生产力的发展要求、中国先进文化的前进方向、中国最广大人民群众的根本利益的必然要求。"三个代表"重要思想是新世纪全面推进党的建设和我国社会主义建设的行动纲领，也是加强和改进党的思想政治工作的根本指针。按照江泽民同志的要求，贯彻落实好"三个代表"重要思想，开拓创新，不断增强思想政治工作的主动性、针对性、实效性和时代感，努力开创思想政治工作的新局面，是摆在各级领导干部和思想政治工作者面前的重要任务，所以宣传落实"三个代表"重要思想是思想教育的重要内容和创新着眼点。

以邓小平为核心的第二代领导人主要关注如何克服过去长期"左"的错误造成的巨大危害，拨乱反正，在思想理论上着重解决"什么是社会主义""怎样建设社会主义"这一首要的根本性问题，在新的形势和任务面前，"建设一个什么样的党""在新形势下怎样建设党"的思想理论问题就提上了重要的议事日程。江泽民同志提出"三个代表"的思想，立足点就在于作为一个在全面改革开放的条件下领导建设的长期执政的党，永远保持党的先进性，始终站在时代发展的前列，把建设有中国特色的社会主义事业搞好，正是第三代领导人要殚精竭虑做好的头等大事。首先，代表先进生产力的发展要求，"三个代表"中，代表先进生产力的发展要求是最重要的、根本性的、基础性的。如果经济搞不好，生产力得不到发展，国家的富强、社会的进步、人民生活水平的改善，都将是一句空话，执政的基础也会大大削弱。要进一步释放现有生产力的能量和寻求新的生产力发展的突破口，就要从两个方面入手：一是要不断变革生产关系中不适应生产力发展的环节，包括机制、体制、规章、经济结构等，通过改革解放生产力，发展生产力；二是要大力提倡先进技术，促进产品更新换代，用高新科技推动生产力的发展。其次，代表先进文化的发展方向。中国先进文化就是有中国特色的社会主义文化，也就是社会主义精神文明。它包括三个层面：一是作为我们党和国家主导意识形态的马克思列宁主义、毛泽东思想、邓小平理论，它们是先进的科学的世界观和方法论，是认识和改造世界的强大思想武器，是必须坚持的指导思想和行动指南。指导思想必须是面对实际生活的、与时俱进的，而绝不能是教条式的、僵化的，即使是科学的指导思想，一旦被凝固封闭起来，它就会不可避免地失去先进性。二是要倡导一种健康向上的精神风貌，在全社会倡导爱国主义、集体主义、社会主义思想，反对和抵制拜金主义、享乐主义、极端个人主义等腐朽思想。三是正确对待外来的优秀文化和传统文化。我们不搞文化排外主义，只要是对于我国社会主义现代化建设有用的科学技术、先进的管理模式和科学的思维方式，我们都可以采取拿来主义，对人类社会创造的一切先进文明成果都要继承和发扬。对于我国丰富的文化遗产，党历来的方针是取其精华，去其糟粕。最后，代表中国最广大人民的根本利益。党的根本宗旨是为绝大多数人谋利益，党的理论、路线、纲领、方针、政策和各项工作，都必须坚持把人民的根本利益作为出发点和归宿。我们党作为执政党，掌握着国家政权，许多党员干部手中都掌握着大小不等的权力，要真正代表人民掌好权、用好权，是在执政条件下党对每个党员干部的要求，也是一个严峻的考验。江泽民同志在"七一"讲话中明确指出："绝不允许以权谋私，绝不允许形成既得利益集团。"党内不允许形成既得利益集团，这一点对于执政党来说十分重要，值得深思。

"三个代表"是有机的统一整体。在经济建设方面代表中国先进生产力的发展要求，把社会主义物质文明建设好，为社会提供更多的物质产品；在意识形态方面代表中国先进文化的前进方向，把社会主义精神文明建设好，为社会提供更多的精神产品，从而不断解决落后的社会生产力与人民群众日益增长的物质文化需要这个贯穿于我国社会主义初级阶段的社会主要矛盾，而这一切最终都是为了实现中国最广大人民群众的根本利益。正如江泽民同志在宁夏、甘肃考察工作时指出："坚持'三个代表'的要求，最根本的就是要统一体现在不断实现人民群众的根本利益上。""三个代表"重要思想，揭示了党的先进性的实质和内涵，深化了我们对党的先进性的认识。它表现出的与时俱进的理论品格，反映了党的建设的根本要求。它在新的实践基础上继承前人又有所创新，进一步开拓了马克思主义建党学说的新境界，丰富了高校思想政治教育的内容。所以，"三个代表"重要思想是思想教育的新内容，而与时俱进、理论创新的品格是高校思想政治教育的新特点。

新时期思想教育内容变化的特点：思想教育的内容要紧扣时代脉搏，具有鲜明的时代特征。我国的思想教育以马克思主义的世界观为主流意识形态。在认识和改造世界的过程中，坚持以辩证唯物主义与历史唯物主义为指导。思想教育是解决人的思想上的根本性问题的教育。思想教育的内容应具有与马克思主义理论同样的与时俱进的品质，具有鲜明的时代特征。从邓小平到江泽民，从来都主张要反对右的和"左"的思想错误倾向，坚持理论和实践相结合，坚持理论和实践的创新。江泽民同志提出的"三个代表"重要思想，就是坚持与时俱进的理论品质的结果和产物，为思想教育的内容增添了崭新的理论依据。思想教育内容必须与时代共运动，才有助于更好地坚持以马克思主义为指导。

马克思主义诞生在170多年以前，它之所以能成为人们行动的指南是因为符合当时的实际情况，它是科学的。虽然当今世界已发生了巨大的变化，我们仍需坚持以马克思主义为指导，理由是马克思主义不仅是符合客观实际的，而且是伴随着客观实际的发展而发展的，有着强大的生命力和广泛的影响力。毛泽东、邓小平和江泽民便是发展马克思主义的典范。我们应当坚持马克思主义，在指导思想上反对搞多元化。我们要做到"坚持"和"发展"相统一，一切从发展变化着的时代、形势和实际情况出发。这样的话，我们一些落后的、不合时宜的思想就会被清除，我们的思想就会从教条式的马克思主义中解脱出来。

发展中求稳定，创新中求真理也是思想教育内容变化的特点。如前所述，思想教育内容必须具有时代性，但这并不意味着思想教育的内容是一天一个样，三天大变样。思想教育的内容还需讲究稳定性和真理性，思想教育内容的创新并不一味地求新颖。对于马克思主义的一些基本原理和观点是必须坚持的，对于思想教育内容的创新应是在对原有理论做出真理性探求的基础上去发展的。现阶段，我们坚持以中国特色社会主义理论教育全党、全军和全国人民。我们之所以坚持它，是因为它是对马克思主义理论的发展，在一个相当长的时期内，我们要用它来教育我们这一代人甚至是几代人。

（二）政治教育内容的创新

1. 政治教育内容的新变化

政治教育主要是进行政治理想、政治信念、政治方向、政治立场、政治观点、政治情感等方面的教育，着重解决对国家、阶级、社会制度等的立场和态度问题。加强爱国主义、集体主义、社会主义教育，增强人民对党、对祖国、对社会主义制度的政治认识和深厚感情，加强党的基本路线教育，全面理解"一个中心，两个基本点"之间的辩证关系，坚持正确的政治方向，克服"左"或右的干扰；要加强民主法制教育，使受教育者正确认识民主与法制的辩证关系，增强社会主义民主意识和法制观念。这是我国政治教育的传统内容。任何高校的思想政治教育都是为了一定的社会阶级和集团的政治目的服务的，因而，在实施政治教育的过程中，必须加强社会主义理想信念教育，同时在社会主义市场经济和法制日益成熟和完善的历史条件下，要加强民主、法制教育，正确处理民主法制和市场经济之间的关系，同时要注重依法治国的理论研究和具体实践。在和平和发展的时代，在当今这个还没有稳定秩序的世界格局中，特别是在经济全球化浪潮的影响下，政治意识越来越被人们所忽视，这表明我国政治教育的任务更为艰巨。新形势下，我们应在继承优良政治传统内容的基础上加上新的内容。

在我国坚持以政治教育为主导，就必须始终以理想信念教育为高校思想政治教育的核心内容。理想信念是人们所追求、所向往的目标，是人们政治立场和世界观的集中反映，也是人们的精神支柱和力量源泉。崇高的理想信念会激发人们的热情，振奋人们的精神，鼓舞人们的斗志，帮助人们形成良好的道德情操。邓小平同志指出："我们一定要经常教育我们的人民，尤其是我们的青年，要有理想。为什么我们过去能在非常困难的情况下奋斗出来，战胜千难万险使革命胜利呢？就是因为我们有理想，有马克思主义信念，有共产主义信念。"在社会主义初级阶段，我们的共同理想就是建设中国特色社会主义。共产主义是我们的终极理想和信念，但共产主义的实现是一个长期的革命和建设过程，它需要经历若干不同的发展阶段。建设中国特色社会主义，是实现共产主义的一个阶段，就是把我国建设成富强、民主、文明的社会主义现代化国家。

现阶段，我国政治教育的另一个问题就是围绕"四个如何认识"，即如何认识社会主义发展的历史进程、如何认识资本主义发展的历史进程、如何认识我国社会主义改革实践过程对人们思想的影响、如何认识当今国际环境和国际政治斗争带来的影响进行深入探讨。"四个如何认识"深刻揭示了新的时代条件下统一全党全国各族人民思想的关键问题，指明了新时期党的思想理论建设和思想政治工作的努力方向，有很强的针对性、实践性和指导性。认识社会主义发展的历史进程，我们必须把握两个基本结论：必须坚持社会主义，必须进行社会主义改革。坚持社会主义，就是要毫不动摇地坚持社会主义的基本制度，使社会主义的本质充分地体现出来。坚持社会主义改革，就是要大胆进行制度创新，不断完善社会主义体制和运行机制，把有中国特色的社会主义推向前进，始终不渝地高举邓小平理论伟大旗帜，贯彻"三个代表"重要思想。要看到社会主义经过长期发展后必然代替资本主义，这是历史前进的总趋势。同时也要看到社会主义代替资本主义是一项艰巨的伟大工程，必须要有长期作战的思想和艰苦奋斗的精神。认识资本主义发展的历史进程，可从现象和本质辩证地观察，我们不能脱离现象谈本质，也不能脱离本质谈现象。从现象上看，第二次世界大战后，资本主义进入一个新阶段，出现了许多令人瞩目的新变化。对资本主义生产关系的某些环节和资本主义经济的运行、管理机制做了不少的自我调节、改良和改善，在一定程度上缓解了生产资料私人占有对生产力发展的制约，并不同程度地学习和借鉴了社会主义的一些做法来缓解社会矛盾，积极吸收和利用，当代科学技术发展的最新成果，为资本主义社会的生产力发展提供了新的空间。对于资本主义的一些现象我们要科学地分析，大胆地吸收利用，而不能因为其资本主义本质而一笔抹杀。当然我们也要看到现象背后的本质：西方资本主义国家进行的自我改良是在资本主义制度允许的范围内对生产关系的局部调节，并没有触动资本主义统治的根基，改变其私有制的本质，也没有改变马克思主义关于资本主义的基本原理的真理性。党的十一届三中全会以来，中国经历了一场空前伟大而深刻的社会变革，改革开放以来，社会经济成分、组织形式、物质利益、就业方式日益多样化，使人们思想活动的独立性、选择性、多变性、差异性明显增强，并造成了某种程度的混乱。所以，必须正确理解和把握"稳定压倒一切"的方针原则，理直气壮地坚持和巩固马克思主义在我国的指导地位。世纪之交，世界正向多极化方向发展，经济全球化进程也正在加快，各种思想相互交错，相互激荡。这对我国的影响既有积极方面，又有消极方面，我们必须利用阶级观点，看穿西方敌对势力对我国的"和平演变"阴谋，防腐拒变。

加强民主法制教育，是加强政治教育的一个极为重要的方面。江泽民同志指出："我们要推进社会主义民主和法制建设，必须宣传、普及民主知识和法律知识，提高全民族的民主素质和法制观念。"具体说，就是要使人们知法、执法、用法、守法、护法，自觉运用法律维护自己的合法权益，参与对国家事务的管理和监督，维护社会秩序。加强民主法制教育，要以依法治国为重点。依法治国是法制精神的体现，表现为"法治高于人治"，所有人和集团都在法律之下，严格按照法律要求办事。依法治国与以德治国既有联系，又有区别，以德治国是依法治国的基础和补充，但我们要看到"法治"高于"德治"，"德治"不能干扰"法治"。加强民主法制教育，还要注意让领导干部带头学法、执法、用法、守法、护法，这对于群众具有重要的示范作用。对于广大群众来说，民主法制教育必须常抓不懈，尤其要在民主法制建设的实践中进行教育。

加强马克思主义人权观教育，是政治教育的又一个重要组成部分。人权问题在国际政治斗争和国家关系中是一个十分敏感的问题，尤其是冷战结束之后，人权问题成为中国与西方国家关系特别是中美关系中的一个重要问题，西方国家总想通过"人权"来颠覆和瓦解我们的社会制度，利用人权问题来对青年进行煽动，动摇其对社会主义的信念。所以，随着国际交流的日益密切，我国政治教育有必要加强马克思主义人权观教育。

关注人权问题是进行国际交往和国内改革及建设的需要。自社会主义苏联解体之后，以美国为首的西方资本主义国家加紧对中国进行"和平演变"的战略，中国成为冷战后美国"人权攻势"的主要目标，在中美关系中，人权问题一直与军控、贸易等问题一起成为中美关系的重要内容。美国长期以来以各种方式和名义质疑中国人权。为了进一步扩大中国对外开放的政策，加强中国与西方发达国家之间的联系以及扩大中国在国际社会上的影响，我们不得不对西方国家提出的"中国人权问题"做出反应。当然，我国对人权问题的认识，也经过了一个长期的过程。首先，随着改革开放政策的实行和人民生活水平的提高，我国对人权的认识水平和保护人权的意识有了很大的提高，改革开放政策的实施使得人们的眼界开阔，认识事物的深度和广度不断增强；同时自我意识也不断增强，个人人身权利、消费者权益以及贫困山区儿童的受教育权利都受到人们的关注。20世纪90年代以来，政府也非常重视人权知识的普及。其次，国内政治体制改革和依法治国战略的提出，使得人权日益成为人民和政府关注的焦点。跨世纪的执政纲领——"十五大"报告中已明确地写上了"依法治国，建设社会主义法治国家"的基本目标。"十五大"报告在阐述"政治改革和民主法制建设"问题时，明确提出要"尊重和保障人权"。

由于各国文化传统、政治结构和发展水平不尽相同，对人权观念的看法必然存在不一致性。我国对人权的观念是坚持马克思主义的人权观，承认人权是世界各国人民为之奋斗的共同理想，促进和保护人权是各国应尽的义务。我国在1991年颁布的《中国的人权状况》白皮书中指出："享有充分的人权是长期以来人类追求的理想。"强调人权是普遍性和多样性的统一，反对在实施人权时采用双重标准。虽然人权从本质上来说具有普遍性，但在实施的过程中由于受各国特定的文化、历史和经济发展水平的复杂性和多样性的影响而呈现出复杂性和多样性。

人权的普遍性原则必须与各国具体情况相结合。由于历史背景、文化传统和社会经济发展水平不同，各国在坚持人权的普遍性原则时，从内容到形式、从方法到步骤都会有所不同，要求不同国家套用一种模式，沿用同样办法，采用同样步骤是行不通的。在对待西方国家一贯坚持用人权的双重标准去干涉别国内政问题上，我国坚决反对。解释和实施人权是每个国家的权限和责任，任何国家不能利用人权问题干涉别国内政。"中国一贯认为，人权问题本质上属于一国内部管辖的问题，尊重国家主权和不干涉内政是公认的国际法准则，适用于国际关系的一切领域，自然也适用于人权问题。"对于发展中国家来说，人们的生存权和发展权是最基本的和头等重要的人权。人权问题若是离开了社会经济的发展，必定是空中楼阁，"只有确保国家和社会的正义、秩序和稳定，才能保障国家的发展、所有公民的安居乐业和享受基本人权"。发展人权不仅需要一个有利的国内发展环境，还需要一个有利的国际环境，当今世界不合理的国际经济秩序是阻碍发展中国家发展人权的根本原因。强调个人权利和义务的统一。西方国家一般只偏重个人的权利，导致权利和义务的偏离。我国宪法规定："公民在行使自由和权利的时候，不得损害国家的、社会的、集体的利益和其他公民的自由和权利。""个人利益应该同社会的公众的利益相一致，这一点很重要。只有全社会都进步，才能实现个人真正意义上的民主、自由和人权。"人权发展是一个历史过程，其演变只能通过其内部的动力来完成。"人权表现为历史的过程……各国的人权状况都不可避免地受到社会发展程度的制约，同时都应随着社会发展和对人权认识的深化而不断改善……"

2. 政治教育内容变化的特点

充分发挥政治教育的经济功能。政治离不开经济，它是对经济基础的反映和表达，同样，政治教育也不能离开经济而进行。从经济这个角度推进政治教育内容的创新是我们努力的方向。我们要看到精神文明对物质文明建设的巨大推动作用。我们党历来重视"典型"对社会经济发展的重要作用，远的如雷锋、王进喜、焦裕禄，近的有徐洪刚、徐虎、李素丽等，他们在经济建设的各条战线上发挥为人民服务的精神，弘扬社会主义精神文明，在我国形成一股股向他们学习的浪潮，无形中推动了社会经济的发展，净化了社会环境。

政治教育内容的开放性和宽容性。政治教育在高校思想政治教育体系中居于主导地位，其内容包括多个方面，这些方面本身就是一个开放的体系。首先，它是对内开放的。政治教育内容各个部分互相吸收、互相借鉴，从而达到协调统一。其次，它是对外开放的。当今世界是一个开放的世界，经济全球化浪潮把世界各国卷入其中。在高校思想政治教育方面，想堵住西方政治思想的介入是不可能的。这就要求我们在与西方思潮的竞争中使政治教育的内容更具有开放性，在这场竞争中取得胜利。在政治发展过程中，政治教育的内容逐渐淡化以往鲜明的阶级性，政治民主化不断得到加强，在开放的体系中，政治教育的内容变得日益温和、宽容。这是当今政治教育内容的新特点。

（三）道德教育内容的创新

1. 道德教育内容的新变化

道德教育主要进行行为规范的教育，内化道德规范，形成道德观念，发展道德判断，培养道德情感，养成道德行为，提高道德素质。因此，要加强以为人民服务为核心、以集体主义为原则的社会主义道德教育，使人们树立与社会主义市场经济相适应的道德观念和道德行为，克服资产阶级腐朽的拜金主义、享乐主义、极端个人主义的错误观念的影响。道德教育的实质是养成教育，所以，进行道德教育的重点不是认知道德规范，而是内化道德规范，提高道德自律力。在现阶段，道德教育在原有内容基础上应建立适应市场经济的道德观念，如注重加强职业道德教育，构建诚信的社会环境；正确处理效率和公平、个人和集体的关系。建立与现代科学发展相适应的伦理规范，如加强网络道德建设和生态伦理道德建设，开辟道德建设的新领域。

经济生活的变化改变着人们的思想观念和道德观念，道德教育的内容改造了传统道德，同时又给它注入了新的规范。随着现代社会分工的发展和专业化程度的加强，市场竞争日趋激烈，整个社会对从业人员的职业观念、职业态度、职业纪律和职业作风的要求越来越高，所以，在职业道德原有的基础上要大力倡导以爱岗敬业、诚实守信为主要内容的职业道德教育。诚信问题日益变成我国经济发展和社会进步的瓶颈和广大人民群众谈论的焦点，所以这里主要论述这个问题。所谓诚信，即诚实、诚恳、信用、信任。它包括两层含义：一是要以信用取信于人；二是对他人要给予信任。只有忠诚老实，诚恳待人，才会取得信任；只有讲信用，你才会有信誉。民无信而不立，做人，首先要诚实。诚实守信，是为人处事的基本准则，也是中华民族的传统美德。在社会主义市场经济条件下，人们的道德意识和道德观念具有多样性，不同层次社会成员道德水准具有差异性，所以坚持以诚信为本在加强公民道德建设中就显得尤为重要。是否诚实守信，不仅反映了一个人的思想品质和道德水平，反映了一个团体的信用程度，更重要的是它影响到一个人的前途和发展。一个表里不一、言而无信的人，可能蒙混过关，但决不会长久，到头来还是让虚伪害了自己。所谓的老实人不吃亏，讲的就是这个道理。在现实生活中，对于爱国守法等道德规范，一般来说大多数人都能自觉做到，但对于明礼诚信，特别是诚信，恐怕就不能够完全达到这一要求。因此，加强公民道德建设，要紧紧抓住"诚信"这个重点，不断夯实公民道德的信誉基础。历史证明：不讲信誉的人是没有前途的人，不讲信誉的社会是混乱的社会，不讲信誉的国家是没有希望的国家。诚信原则，体现了加强公民道德建设的本质要求，必须贯穿于公民道德建设的全部内容和整个过程。

诚信道德规范是个人与社会、个人与个人之间相互关系的基础性道德规范，也是市场经济领域中一项基础性的行为规范。没有了诚信，人们的经济生活、政治生活、社会生活就失去了基本的维系和支撑；缺少了诚信，经济发展和社会进步就缺少了前进的动力和可靠的保证。诚信是社会主义市场经济健康发展的需要。市场经济从运行机制上讲是一种契约经济，从法律层面看也是一种法制经济。各市场主体之间、生产经营者与消费者之间、员工与企业之间等都要在规定的范围内承担自己的责任，履行自己的义务，享受自己的权利。如果大家都视契约或法律法规为儿戏，不诚实、不守信，人们的工作、学习、生活就无法正常进行；如果假冒伪劣、投机取巧、虚报浮夸盛行，就会严重破坏社会经济秩序，动摇社会主义市场经济健康发展的根基。诚信是"入世"后与世界经济接轨的需要。加入世贸组织后，对于我们的各级政府、各级组织、各类市场经营主体和广大干部群众来说，首要的任务就是掌握世贸组织规则，并且要恪守规则，履行承诺，不断修改完善我们的法律法规和有关政策，建立起良好的经济秩序和社会环境。而这里很重要的一个方面就是要诚实守信，如果不诚实守信，我们就无法同国外企业和经济组织打交道。特别是我们的企业在生产经营活动中，要重合同，守信誉，视信誉为企业的生命。一句话：靠信誉去开拓占领市场，靠信誉竞争，靠实力发展。诚信是实施依法治国与以德治国方略的需要。道德与法律同属行为规范的范畴，二者虽有区别，却相互作用、相互补充。相对道德约束而言，法律是强制性的低层次的既定范围的，道德是自律性的高层次的更宽范围的。在现实生活中，违法必缺德，但缺德不违法的现象还是较为常见的。只有法治与德治并举，才是治国安邦的根本之策。而无论是法治还是德治，都必须以诚信为本。法律法规是要靠人去执行去实施的，是否违法、违法到何等程度、应予以什么样的惩处都要靠人去裁定。执法是否公正，这里就有一个执法者的职业道德问题、法治的环境问题、法律制度的信誉问题。

大力倡导诚信道德规范，营造守信用讲信誉的良好社会环境，主要包括以下几个方面。

第一，坚持思想教育与制度建设并举。一是要把诚信道德规范的主要内容、重大意义和基本要求灌输到全体社会成员的头脑中去，这是家庭、学校、单位和各级各类组织的共同责任。二是要区分层次，结合实际，突出重点。也就是要解决好学生、企业职工、个体私营业者、农民、社区居民、机关干部等不同对象、不同职业特点的诚信教育"教什么"和"如何教"的问题。不但要讲清是什么，更要说明为什么，晓之以理，动之以情，久久为功，必有成效，以达到引导人们牢固树立诚信观念，强化诚信意识，遵守诚信道德规范的目的。三是注重加强制度建设。要结合实际把诚信道德规范的内容和要求细化、深化、具体化，并纳入各部门、各单位和各行各业的管理制度之中，充分发挥制度的规定、惩戒、引导和警示预防作用。同时要认真总结实践中好的做法和经验，并以制度的形式固定下来。

第二，党员干部特别是领导干部要率先垂范。大力倡导"诚信"道德规范，对党员干部特别是领导干部提出了更高的要求。一是要坚持实事求是。说老实话，做老实事，当老实人，不弄虚作假，不做表面文章。恪尽职守，认真负责，不回避矛盾，不推诿扯皮。坚持原则，从严治政，不搞庸俗作风，不怕得罪人。二是要清正廉洁，珍惜名誉。以人格的力量和高尚的道德情操树立威信，以诚心诚意为人民办实事、谋利益的公仆形象取信于民。三是要以身作则，身体力行。要求群众做到的自己首先做到，要求群众不做的自己坚决不做，为群众树立榜样，做诚实守信的表率，通过不断加强领导干部自身的道德建设来带动公民的道德建设。

第三，坚持倡导与治理相结合。一是新闻出版、广播影视、文化艺术等各种阵地和载体要深入开展诚信道德规范的宣传，营造良好的社会舆论氛围。通过社会舆论的评价、褒贬、取舍，引导人们把对诚信道德规范的认识转化为内心的信念，成为事业发展的理念，在全社会形成诚实守信的道德风尚。二是要综合运用法律、行政、管理等多种手段，依法从严从重打击和治理经济活动中的各种欺诈行为，为各类市场经营主体创造一个公平的竞争环境，为社会经济的持续健康快速发展提供保证。

现代科学技术的发展在不断地扩大人们认识的领域，在新的领域内产生了新的关系，这些都需要有与之相适应的道德规范加以约束。互联网的建设就是当今世界范围内发生在我们身边的一场声势浩大的科技革命，它将根本改变信息生产、传播方式，同时必然带动社会整体的变迁。由于计算机网络的显著特点及其对人类生活的深刻影响，在我们充分利用它提供的历史机遇的同时，抵御其负面效应，大力进行网络道德建设，在改革开放和新科技革命形势下加强社会主义精神文明建设，就具有特别的重要性和紧迫性。

网络道德建设是一项复杂的系统工程，它除了需要领导者的重视和正确的观念指导外，还需要人力、物力和财力的协调与配合。我们应从以下几方面着手：把培养网络道德建设者作为网络道德建设的首要任务；把开展网上道德教育活动作为网络道德建设的关键任务；把建立道德教育网络体系作为网络道德建设的主要任务；把加强网络道德建设的理论研究作为网络道德建设的主导任务。培养网络道德建设者是网络道德建设的首要任务。网络道德建设者既要具有较高的政治思想素质，又要具有一定的科技意识和创新能力；既要具有道德建设的理论与实践经验，又要掌握计算机网络的基本理论，并能熟练进行网络操作。开展网上道德教育活动，是网络道德建设的关键任务。首先，要制作网上道德教育信息，实现道德信息共享。各网站要将本系统或本单位有关道德建设的历史、现状、问题及经验等资料和信息上网公开，接受访问。其次，各网站可根据自己的人力、物力和财力设计富有特色的网页，向道德教育客体进行特殊的道德教育。比如学校系统可开设心理咨询网页，企业系统可开设政策和法律咨询网页，军队系统可开设军事博览网页。此外，可在网上开展一系列丰富多彩的活动，如通过开展道德状况调研活动以收集信息，通过开展道德讨论活动以提高人们的道德觉悟，通过开展道德教育经验交流活动以提高道德教育效果。富有创造性地开展网上道德教育活动是网络道德建设成功的关键。建立道德教育网络体系是网络道德建设的主要任务。

在全球面临生态危机、人类的生存环境受到严重的污染的时候，人类开始反省自身与自然之间的关系。各国政府除用政治、经济、法律等手段来调整人和自然的关系外，思想政治工作者还用生态伦理道德来教育广大人民爱护我们的生存环境。生态伦理道德是指处理人与自然关系的道德规范。其实，我国古代思想家在生态伦理方面提出过许多宝贵的思想，对我们解决21世纪的生态伦理和现代化建设问题有着重要的启迪作用。在中国的传统文化中，关于人与自然的关系，无论是儒家、道家还是佛家，都从来不把人和自然分开。正像英国学者唐通所说的那样："中国的传统是很不同的。它不奋力征服自然，也不通过研究分析理解自然，目的在于与自然订立协议，实现并维持和谐。"中国古人的关于环境道德的思想，都是很有远见卓识的，在保护环境的同时也十分注重发展经济。儒家从天地具有德性的立场出发，把天地视作母亲，看作生命的源泉、资源的宝库。在中国这个农业大国中，早已形成了一些重要的生态农学思想。人类的生产活动如果不注意资源的保护，那就意味着失去了生存的根基。孟子还从朴素生态系统的观点出发描述了牛山中林与山、人与木、兽与木、人与兽的生态画面，看到了人的不适当的活动，使草木繁茂的牛山变成无草木的荒地。古人的这些思想精华对今天环境保护有着十分重要的意义。人类有必要重新认识生态环境资源，重建新的生存范式，重新规范人与自然的关系和利益分配，以生态优先的原则重新定位一些产业。目前，我国正在进行的西部大开发所面临的生态环境问题，就包括了生态环境的保护与建设两项，事实上，这种开发本身就是一项巨大的生态环境建设工程。党和政府对西部地区的生态环境特别关注，把生态保护和建设放在了实施西部大开发战略的首要位置。

在当今世界的环境保护和生态建设中，迫切需要改变"人类中心论"的传统观念，用尊重自然的态度取代无节制占有自然的欲念，重新确立人对自然的价值标准。人和自然是处于系统联系之中的，人一方面是从自然中分离出来的，另一方面又与自然紧密相连，人类需要从自然界获取自身赖以生存和发展的物质生活和生产资料。人与自然的这种统一是构成我们生活的要素。所以，我们在强调人的尊严时，也应该维护其他生命形式的生存权利，以尊重自然的态度来取代对自然的无限制的占有欲念。这就迫切需要改变我们过去那种认为人类是自然的主人和占有者，自然界的一切都必须服从于人类的利益和需要的意识和观念。要用爱护自然、保护环境的活动取代盲目征服自然、破坏环境的行为。面对日益恶化的生态危机，我们应该清醒了。我们在征服自然的活动中，还应该把人类其他美好的精神品质，如了解、尊重、爱、友谊、责任、权利和义务等，运用到改造自然的活动中去。用爱护自然的活动来取代对自然的盲目征服行为，要用人类对自然的自觉调节来取代自然本身的自发调节，要维护自然的生态平衡，保护我们的生存基地。不管我们愿意与否，我们都必须在人与自然的这个世界混合系统中履行我们的调节和保护职责，要用人对自然的义务感来偿还人对自然的占有和利用，保护自然是人类应尽的义务。要用适度消费的道德观取代无节制耗费、过度消费的消费观。对自然资源的过度开发是造成环境恶化的重要原因，而且地球上的资源是有限的，因此，为了人的全面发展，为了使现代人免受污染的危害，为了给子孙后代保存有限的资源，我们应立即行动起来，在全社会倡导适度消费的道德观，反对追求高消费、过度耗费；应在全社会提倡节约之风，并尽可能地利用可再生资源，以制止对资源的过度开发和浪费。

2.道德教育内容变化的特点

社会道德的个体化是道德教育的一个鲜明的特点。在我国几十年的道德教育中，我们常常接收到的是集体主义道德、社会主义和共产主义道德等内容，很少强调职业道德、公民道德等个体道德的内容，忽视了公民素质的培养和提高。随着我国由计划经济体制向社会主义市场经济体制转变，经济活动也由统一地围绕着一个目标行动转变为分散的、个体的活动。个体在经济中的重要性不断得到加强。与经济基础的变化相适应，在道德建设的过程中，党中央颁布《公民道德建设实施纲要》，大力提倡公民道德建设，开展职业道德教育，呼唤人与人之间的诚信守诺，平等待人。道德教育的内容经历了从社会的整体道德向个体道德的转化。只要每个公民自觉遵守公民道德，按照《公民道德建设实施纲要》严格要求自己，我们的社会道德、社会环境都将得到极大的改善。社会道德的个体化是道德教育发展的基本规律。道德教育过程就是把社会道德内化、规范化，使个体养成道德意识，自觉遵守道德规范。

道德内容调节的范围从只注重调节人与人的关系到既调节人与人的关系又调节人与自然的关系，这种转化也是道德教育的一大特点。我国传统伦理道德认为，道德处理的是人与人之间的关系。只有人及人们相互之间的行为才可以称为道德或不道德，与物无关，人们滥伐森林、涸泽而渔等破坏自然环境的行为都不能称为不道德行为。近代以来的道德教育冲破了传统的禁区，人与物的关系也被纳入了道德范围，"敬畏生命"成了人类的道德共识，所以道德教育的内容经历了一个从人与人的关系向人与物的关系扩展的过程，使得道德教育的内容不断扩展，我们现在说的生态道德、网络道德等道德研究的新课题向我们昭示了研究人与物的关系的重要性。思想政治工作者也要适应新形势、新变化，不断拓宽自己的知识面，使思想政治工作不断深入，并在这个过程中找到自己的坚实基础，不断寻求新的理论生长点。

（四）心理教育内容的创新

1. 心理教育内容的新变化

心理教育主要是提高受教育者心理素质的教育。在改革开放和发展社会主义市场经济条件下，由于竞争机制强化，变化节奏加快，工作、学习、生活的紧张度增加，人们的心理压力也日益加大，一些人缺乏应有的心理承受能力，难以承受过重的心理负荷，有的甚至产生了一定的心理疾病。所以，在社会实行全面改革开放和建立社会主义市场经济的背景下，有必要对受教育者进行心理健康教育，使之形成良好的个性、健全的人格，增强其在激烈的竞争环境中处理人际关系的能力，养成良好的生活方式。

开展心理健康教育，提高心理调适能力。社会变革首先会影响人们的心理，使人们产生一定的压力，面临压力，只有学会驾驭，才能保持心理健康，适应变革的环境，减少对变革的抵制。要有组织、有计划地开展心理测验与调查、心理咨询与辅导、心理讲座与座谈，让个体了解认识自己的个性特点和学会对自己所处的情境做积极的控制和评价，形成对情境的理智反应，避免单纯依靠个体的心理防卫机制对压力情境做混乱而无效的解释与应对；让个体在压力情境中客观地分析和评价自己，正确定位，采取积极的认知，更多地看到自身的长处和优点，增强信心，情绪乐观；让个体学会否定自我、改变自我，让个体能全面地审视自己与情境的多种关系，在立足自身优势的前提下，敢于面对自己的弱点，强化自我管理、自我教育，解决存在的问题。

人际关系是指人与人之间由于交往而产生的一种心理关系，它主要表现为人与人之间在交际过程中关系的深度、亲密性、融洽性与协调性等心理方面联系的程度。人总是在一定的社会群体中生活，总是在不断的交往中从事工作、学习和其他社会活动的。人际关系包括正式的组织中的人际关系与自发的非正式组织的人际关系。人际关系具有获得信息的功能，必须通过交往建立良好的人际关系，这样才能以各种方式迅速地获得信息。人际关系还具有自知、知人的功能，人贵有自知之明，即具有成熟的自我意识；人的自我意识并不是自然而然地成熟的，而是通过交往，在与别人的相互作用中逐步成熟起来的。以他人为镜，在与别人的比较中认识自己、调整自己，认识他人，积累和丰富人生经验。人际关系具有人际协调功能，人际交往是人类在改造自然界中协作的产物，在现代社会，要想取得事业上的成功，就要善于与人合作，要能组织、协调各种力量，调动各方面的智慧。人际关系也具有身心保健功能，人作为一个社会成员，有着强烈的合群需要，通过相互交往，诉说个人的喜怒哀乐、爱憎恐悲，就会引起彼此间的情感共鸣，从而在心理上产生一种归属感和安全感。

为了优化人际关系，必须进行优化人际关系的策略指导，这种指导工作应从以下四个方面入手：首先，要调整认知结构。对人际关系有一种积极的、全面的、正确的认知是优化人际关系的基础，反之，对人际关系持消极、片面、错误的看法将成为一种定式而消极地影响人际交往。因此，应使人们充分认识人际交往的重要意义，调整其认知结构，增强其交往的主动性和积极性。其次，要克服人际偏见。为了与他人建立和谐的人际关系，首先要能正确地了解他人，而能正确地了解他人首先就要有正确的人际知觉。所以，使自己了解和克服认知偏见，将有助于正确地了解他人和在彼此间建立起和谐的人际关系。再次，要加强个性修养。要有良好的人际关系，就要有良好的个性品质，因为个性缺陷往往是导致人际交往心理障碍的背景因素，甚至是本质因素。在心理教育工作中，应该使受教育者养成豁达大度、克制忍让、温和亲切、正直诚实、委婉含蓄的个性品质，这对于搞好人际关系也至关重要。最后，要学习交往技能。处理人际关系是一种能力，也是一种艺术，它可以通过学习和训练来培养和提高。

生活方式是人的内在精神追求外化的结果和表现。要成为一个精神文明良好的人，必须把握健康的生活方式和习性，告别非健康的生活方式。这不仅是文明的象征，而且也是文明发展的内在要求。创建文明、健康、科学的生活方式，是新时期我党和人民的追求。早在1979年，邓小平同志就提出了"搞好我们的社会风气"的问题。1984年，《中共中央关于经济体制改革的决定》明确指出："在创立充满生机和活力的社会主义经济体制的同时，要努力在全社会形成适应现代生产力发展和社会进步要求的、文明的、健康的、科学的生活方式，摒弃那些落后的、愚昧的、腐朽的东西。"江泽民同志多次强调要积极引导人民群众建立科学、文明、健康的生活方式，创造与社会主义现代化进程相适应的社会精神风貌。回顾改革开放以来我国生活方式的变化，总结这方面的经验教训，研究文明健康生活方式形成的途径，对于建设适应现代化要求的新的生活方式具有重要意义。

文明、健康、科学的生活方式的建设是一项系统工程，需要做好多方面的工作。

首先，要深化体制改革，加强法制建设。完善的体制能在深层次上引导科学的消费，体制的漏洞或不健全会成为消费行为扭曲的重要基础。我们现阶段经济体制改革的某些方面是当前消费行为扭曲的重要深层原因。加强法制对于建设文明健康的生活方式也很重要。腐败现象动摇了一些人的信心和信仰，淫秽制品严重侵蚀人们的心灵，邪教和迷信蛊惑人心，控制人们的行为。只有彰善瘅恶，以正压邪，才能推进文明、健康生活方式的建设。

其次，加强社会主义生活观念的教育和指导。人们的生活观念是生活实践的反映，反过来又影响着生活实践。正确的观念能够把生活主题引导到科学向上的轨道，反之则会使人误入歧途。当前，我们应加强社会主义生活观念的宣传教育，使人们树立正确的生活观念。

最后，采取各种措施，加强组织领导和引导。要强化道德教育机制。道德是维系正常社会生活的基本手段，社会生活中出现这样那样的紊乱，与一些人心目中伦理道德观念缺失密切相关。因此，必须花大力气开展全民道德素质强化工程，把社会主义伦理道德的基本原则具体化、操作化，弘风训世，完善人格，使之成为人们的内在素质，达到"百姓日用而不觉"的程度。要培养和树立示范群体。如通过文明街道、典型个人的先进示范作用，为社会做出表率，促进文明健康生活方式的形成。特别是各级领导干部，应率先垂范，廉洁自律，为公众树立可资仿效的榜样。要进一步开展文化下乡活动。我国农村生产力水平不高，农民科学文化素质普遍偏低，文盲、半文盲比重较大，一些地方缺少丰富、健康的文化生活，落后愚昧的东西滋长蔓延，影响了农村的社会风气。当前，各地组织的文化下乡活动，对于用丰富多彩、健康向上的文化占领农村阵地，引导农民解放思想、更新观念，改善农村社会风气起到了重要的作用。要开展文明社区建设。社区是城市居民聚集、生活的地方，也是社会成员参与社会活动的场所。目前，随着流动人口的增加，人们的社区意识趋于淡化，社区生活秩序受到破坏。因此，需要通过建章建制，加强日常规范管理，使社区居民遵纪守法，自我约束；开展文明健康的文化活动，丰富群众精神生活；创造条件，加强社区成员之间的交流，融洽邻里关系等。这些措施使城市居民形成良好的道德风尚和心理素质，以及科学、文明、健康的生活方式。

2. 心理教育内容变化的特点

心理教育内容有更强的针对性和指向性。心理教育主要是提高受教育者的心理承受能力和心理防御能力，引导人们通过正确的渠道去发泄心中的不良情绪的教育。在传统的思想教育中，往往只注重从思想上解决大是大非的问题，忽略了受教育者的心理问题，即使是在处理心理问题时也往往是"一刀切""一般粗"，用一般意识形态压制个人内心的种种心理活动，针对性、指向性不强，往往难以使受教育者心服口服，使得高校思想政治教育的成本越来越高，监督越来越难，不能真正使外在规范内化。要改变这种状况，就要因材施教、因势利导，针对各种受教育者的不同心理进行不同的疏导，这要求思想政治工作者本身知识面不断扩大，特别是心理教育的内容不断拓展。

心理教育内容变化的第二个特点就是向纵深扩展，向外蔓延。在改革开放和社会主义市场经济条件下，一方面工作生活节奏不断加快，西方先进的经济管理经验不断引入，西方优裕的生活方式也吸引了大批人的目光，而在原有体制和意识形态禁锢下脱身而出的人们展开了一场追逐财富的赛跑，这使人们的心理产生了相当大的压力。另一方面，在社会主义市场经济中，经营主体是个人，组织松散，缺少一种安全感，所以人的心理特别脆弱，尤其是在长期实行计划经济体制下，人们非常容易对过去产生眷恋之情。

二、高校思想政治教育内容优化组合原则

高校思想政治教育内容是由思想教育、政治教育、道德教育、心理教育诸内容构成的一个有机整体，随着高校思想政治教育实施过程中的社会环境、主客体等条件的变化而不断发展。在优化组合高校思想政治教育的内容时应充分考虑思想教育、政治教育、道德教育、心理教育的内容的不同侧重点和其所达到的不同的教育效果。

（一）以思想教育为指导

思想教育是提高受教育者认识世界、改造世界的能力和使其树立科学的人生观、价值观的教育，只有拥有正确的世界观、方法论，才能进一步地开展政治、道德和心理教育，因此，思想教育在整个高校思想政治教育的内容体系中处于指导地位，是进行政治教育、道德教育、心理教育的必要条件，也是先决条件。

以思想教育为指导，是因为随着国际国内形势的不断发展变化，人们的思

想活动出现了新特点。当前，我国加入 WTO 和实行全方位、立体式改革开放，我国与世界各国的经济、文化、政治等方面的联系和交流都将更为紧密和深入，人们的思想活动由此受到更大的影响和冲击，尤其是在对一些传统观念的认同上产生了怀疑和动摇。首先，现阶段我国的市场经济体制处于进一步完善的过程中，经济成分和经济利益日益多样化，竞争日益激烈，收入差距相对拉大，造成了人们思想活动的多元性。这种多元性表现为既有各种积极向上的、正确的、先进的和新生的思想观念，又有各种因循守旧的、僵化的、错误的拜金主义、享乐主义等落后的思想观念。其次，由于多种经济成分的共同发展，尤其是加入 WTO 后，社会为人民提供了更多的就业岗位和机会，因此，人们的就业形式和就业岗位也日益多样化。与此同时，人们在计划经济时代那种一次就业即"终身职业"的观念也受到了猛烈的冲击，人们必须面临激烈的工作岗位竞争，由此促进了人们商品意识、竞争意识的增强，人们的思想活动开始由封闭性走向开放性、由依赖性走向独立性、由被动性走向自主性。最后，社会实践方式和生活方式的多样化，使人们的思想活动呈现多变性。当今世界，科学技术发展一日千里，大大促进了社会经济的进步和发展，在生产力得到进一步发展的同时，人们的社会实践活动方式也发生了深刻的变化，人们的生活方式日益朝着自主化、快速化、个性化等方向发展。

以思想教育为指导，是由于国际环境具有复杂性和国际政治斗争具有尖锐性。全球化使东西方思想文化的交流进入了空前的繁荣阶段，人们的各种价值观念、思维方式、生活方式相互碰撞、融合，同时西方敌对势力也积极利用各种手段和渠道进行思想文化渗透，混淆人们的视听，造成人们对事物和社会发展有不同的认识和看法，动摇人们对共产主义事业的信心。尤其是在互联网高度发达的现代社会，人们可以轻松地在网上获取和传播信息，西方敌对势力也在互联网上加强了攻势。人们的思想面临前所未有的选择性，是选择接受新生的向上的思想还是腐朽的、落后的思想，是接受马克思主义还是接受非马克思主义的东西，都是开展思想教育需要解决的问题。

以思想教育为指导就是要进一步用邓小平理论武装全党、教育群众，不断进行马克思主义唯物论和无神论教育，使人们掌握科学思想和科学方法，树立正确的世界观、人生观和价值观，增强人们认识世界、改造世界的能力和信心。

（二）以政治教育为核心

政治教育是进行政治理想、政治信念、政治方向、政治立场、政治观点、政治情感、政治纪律等方面的教育，政治教育决定着高校思想政治教育、道德教育、心理教育的性质、方向、内容和效果，因此在整个高校思想政治教育内容体系中处于核心地位。

以政治教育为核心，是正确认识国际共产主义运动低潮的迫切需要。在社会主义实践中，20世纪80年代末90年代初国际共产主义运动遭受严重挫折，国际共产主义运动处于低潮，这不仅影响到了一般群众的社会主义和共产主义信念，而且还影响到了一些共产党人，包括一些高级领导干部对社会主义和共产主义的追求。与此同时，20世纪50年代以来，西方资本主义国家渡过了经济危机，获得了相对稳定的发展，几个主要资本主义国家的科技有了很大发展，大大提高了其社会生产力。为此，有些人怀疑社会主义的发展，向往资本主义的暂时繁荣。这些问题不搞清楚，就会导致一些人"理想破灭""信念淡化"，终至对党的事业丧失信心。因此，如何正确认识国际共产主义的暂时低潮，正确认识资本主义的最终历史命运，消除模糊认识，坚定理想信念，防止信仰危机，是我国需要解决的重大问题，它关系和影响到社会主义事业的前途和命运。

以政治教育为核心，是反对封建迷信思想和防止资本主义腐朽思想侵蚀的需要。当前我国的经济体制正处于转型时期，改革开放到了攻坚阶段，一方面，国际敌对势力借所谓的"民主问题""人权问题"等攻击我国的政治体制，竭力标榜其政治制度的合理与完善，意欲达到其"和平演变"的目的；另一方面，面对现实的困难与矛盾，有些人对自己的前途、命运感到难以把握，于是转向了封建迷信思想，寻求所谓的"神灵"和"救世主"的庇佑，而一些别有用心之人趁机大肆宣扬封建迷信、伪科学，麻痹和愚弄广大人民，企图搞乱社会主义，腐蚀人们的思想。因此，以政治教育为核心，加强科学的信仰教育，用马克思主义理论武装人们的头脑，具有重大的意义。

以政治教育为核心，也是解决现阶段改革中出现的实际困难、矛盾的需要。在改革不断深入的同时，近年来经常发生一些党政机关、国有企业的领导干部贪污腐败、违法乱纪的现象，少数党员干部经不住市场经济大潮的冲击和西方社会思潮、生活方式的侵蚀，理想信念发生动摇，党性观念淡薄，道德标准模糊，是非界限不清，以权谋私，滥用职权，损害了国家和人民群众的利益，同时严重损害了党和政府的声誉，使部分群众和党员干部对社会主义事业丧失了信心，对共产主义理想淡漠。而由于经济结构调整和就业竞争，大量的下岗待业和越来越大的贫富差距，使一些人面对挫折时出现了理想信念的崩溃，各种消极思想、悲观失望情绪蔓延开来。这就使政治教育成为紧迫的现实需要，要时时加强政治教育，进一步加大对党的基本路线和基本纲领的宣传力度，让广大人民群众明确认识社会发展的客观规律和历史发展的必然趋势，坚定正确的政治立场、政治方向，解决好"信仰、信念、信任、信心"的问题，把理想信念建立在科学的基础上，从而激发起人民群众建设社会主义的主动性和创造性，同时大力开展马克思主义唯物论和无神论教育，大力普及科学知识，指导人们正确对待挫折和失败，在复杂的环境中不动摇、不迷向，始终沿着社会主义、共产主义的方向前进。

（三）以道德教育为重点

道德教育是进行行为规范的教育，当前在社会主义市场经济条件下，由于各方利益冲突的频繁和尖锐，道德问题日益突出，道德教育显得很重要，因此道德教育是高校思想政治教育内容的重点。

以道德教育为重点，是解决当前社会存在的道德问题的需要。改革开放和社会主义现代化建设，在促进社会生产力飞速发展的同时，也对人们的生产生活产生了深刻影响。在对外开放过程中，资产阶级文化、生活方式、价值观念乘虚而入，对人民群众的生活方式、价值观念、道德传统都形成了强烈的冲击；在计划经济体制向市场经济体制转轨的过程中，利益格局发生了变化，社会矛盾复杂多样，导致"道德滑坡"和"道德失范"。在新旧体制的转换过程中，少数党员干部的贪污腐败造成了相当恶劣的影响，一系列改革措施的出台，如养老保险改革、医疗保险改革、住房制度改革等，使大量的下岗待业人员及社会困难群体在心理上遭到了挫折，在社会公德、职业道德、家庭伦理等方面，出现了不容忽视的问题。比如一些企业与个人为了一己私利，生产销售"假烟""假酒""假药""黑心棉"等。诚信意识缺失，极端个人主义、实用主义抬头，社会责任感和正义感有所淡化，人际关系冷漠，团结互助精神有所丧失，而一些部门和行业的不正之风有所蔓延。道德问题已经成为当今社会普遍关心的热点问题，也是精神文明建设的重点问题。

以道德教育为重点，是完善社会主义道德的需要。建立和完善适应我国社会发展的道德规范体系、为我国社会主义现代化建设创造良好的道德环境，对促进我国社会的进步和国家的长治久安具有重要作用。我国是社会主义国家，理所当然要把社会主义道德规范体系作为社会的主旋律，这里既要把握好为人民服务、集体主义精神和"五爱"精神等核心内容和基本原则在社会主义道德规范体系中的核心地位和作用，也要注意面向社会主义市场经济，坚持"三个有利于"的根本标准，加强道德教育，着力培养竞争意识、法制意识、效益观念、创新观念、平等观念和权利义务观念等，重视"道德滑坡"中突出的如唯利是图、金钱至上等不良价值取向。

（四）以心理教育为基础

心理教育是提高受教育者心理素质的教育，目的在于使受教育者形成良好的个性、健全的人格、健康的情感。心理教育在高校思想政治教育内容中处于基础地位，是开展上述三项教育的基础。

以心理教育为基础，在于各种社会因素的要求。由于市场经济引入了竞争机制，为人们充分发挥能力、展开平等竞争提供了可能，但是这种竞争随着改革开放的深入呈现更加猛烈的趋势，这些社会现实激发了人们的自我意识，人们开始注重现实，讲求实效，互相间展开平等竞争。但是，这对很多在计划经济体制下成长和生活了很久的人们来说是巨大的挑战。如取消福利分房制度、实行竞争上岗、改革社会保障制度等一系列改革措施使一部分人受到挫折，从而产生了消极的心理。同时，社会上一些个人至上、金钱至上、享乐至上的价值取向也影响了一部分人，使他们的价值取向趋向功利化和实用化。社会人群普遍感到心理压力增大，产生了诸如焦虑、浮躁、危机感等心理困扰。

积极的心理素质培养就是要通过各种方式对人们进行心理健康教育和指导，帮助人们提高心理素质，健全人格，增强承受挫折、适应环境的能力。健康的心理是一个人正常学习生活的基础，一个心理健康的人，能正确地认识和解决周围环境和现实中的各种问题、困难和矛盾。高校思想政治教育中注重心理素质的培养，包括性格与气质的类型和特征、情绪与情感的倾向、兴趣与意志的倾向和力度等个性心理特征的培养与提高。培养良好的意志品质，是一个复杂的、十分细致的、长期的过程。坚定高尚的理想和信念的教育，是培养良好意志品质的主要前提；发展健康的情绪和情感，是培养良好意志品质的心理基础；更重要的是，要引导人们在经常性地克服困难的过程中锻炼自己的意志。人格健全、心理健康是人们接受正确价值观念、形成科学的共产主义信仰的基础。

总之，我们在对高校思想政治教育内容进行优化组合时要时刻注意贯彻以思想教育为指导、以心理教育为基础、以道德教育为重点、以政治教育为核心的原则。

第二节 创新高校思想政治理论课教学的基本形式

一、高校思想政治理论课教学概述

（一）教学组织形式

形式的形成是多种要素汇聚组合、相互作用的结果。教学组织形式也是如此。构成教学组织形式的要素有：第一，教师和学生。教师和学生是教学活动的主体，他们之间的互动以及互动的具体形式决定了教学组织形式的实践样态。教师和学生是构成教学组织形式的"人"的要素，也是最基本的要素。第二，教学时间和教学空间。教学活动的开展不能置身于时空之外，教学活动的有序、有效开展总是需要长短各有其时、大小各有其地的时间和空间的。其中，教学时间制约教学组织形式的外显环节与活动程序，教学空间制约教学组织形式的呈现方式与动态结构。因此，教学时间和教学空间也是构成教学组织形式的基本要素。第三，教学方法、手段、工具等其他各种教学要素。这些要素是教学目标实现的重要要件。

（二）高校思想政治理论课课堂教学形式的类型

根据不同的标准可以对教学组织形式进行不同的分类。通常是根据教学单位的规模和师生交往的程度来划分教学组织形式的。按照教学单位的规模大小，可以分为个别教学、小组教学、班级授课（小班教学、大班教学、合班教学）；按照师生交往的程度划分，可分为直接的教学组织形式（包括个别教学、小组教学、班级授课等）和间接的教学组织形式（包括个别学习、伙伴学习、合作学习、广播电视教学、计算机教学等）。对高校思想政治理论课课堂教学组织类型的划分也可参照以上划分标准进行。

（三）课堂教学的意义和特征

所谓高校思想政治理论课课堂教学，就是通常讲的班级教学是根据思想政治理论课授课对象（大学生）的年级、专业、选课等情况分别编成班级，使每一班级有固定的学生，由教师按照固定的教学时间表对全班学生进行上课的教学活动。

用课堂教学这种组织形式进行教学，能够按照教学进度进行授课，保证学生学到系统连贯的科学知识，也有利于教师根据教材和学生特点，有目的有计划地组织好教学活动，使教学主体的主导作用和教学对象的主体作用都得到充分发挥。同时，以班级为单位，在同一时间内由同一个教师教几十个或者上百个学生，按同一进度讲授同一内容，这既节约师资力量，也节约资金和时间……但是，课堂教学也存在一定的缺点，主要是因为学生人数多，不易于充分发挥学生的个体性和全部潜能。对高校思想政治理论课教学来讲，其不易于体现教学的实效性。

课堂教学的基本特征包括：一是按照大学生的年级、专业、选课等情况分别编成固定的班级，教师同时面向班级集体进行同样内容的教学；二是把教学内容和任务，按学年和教学目标分成相对独立而又彼此衔接的环节，并依此开设各门课程，遵循了大学生思想政治教育规律和知识的系统性；三是每一节课有统一固定的时间，按固定的时间表，课与课之间有一定的间歇。

（四）课堂教学是完成高校思想政治理论课教学任务的基本途径

高校思想政治理论课是对大学生进行马克思主义的基本原理、毛泽东思想和中国特色社会主义理论体系、马克思主义中国化的思想道德和法律知识、国内外时事政治教育的课程。高校思想政治理论课具有传授知识，形成思想、观念，提高素质的教学任务。它从根本上讲就是通过传授马克思主义理论，提高大学生的认识水平，帮助他们坚定科学的理论观点、道德法制观念，培养学生运用马克思主义的立场、观点、方法观察和分析问题的能力，提高学生的政治、道德素质。

1. 有利于大学生系统有效地学习和掌握马克思主义理论的基本原理

马列主义、毛泽东思想、中国特色社会主义理论体系是人类智慧的结晶，是经过实践检验的普遍真理，蕴含着极其深刻而丰富的内容。大学生要系统学习好、掌握好这些科学的基本知识和基本观点，需要有效的教学形式。因此，大学生在教师的指导下，根据教学计划和教材，用课堂教学的形式，学习和掌握马列主义、毛泽东思想、中国特色社会主义理论体系的基本知识和基本观点，扩大自己的知识领域，用较短的时间和较少的精力取得较好的教学效果。

2. 有利于培养大学生运用马克思主义的立场、观点、方法观察和分析问题的能力

大学生正处于世界观、人生观和价值观形成的关键时期，但是他们中还普遍存在看问题的角度不正确、思考问题的方法不当和对知识掌握得不完整、对

社会生活中的一些现实问题认识不清、观点片面等现象。通过高校思想政治理论课教学，学生学习正确的认识论、方法论，提高分析、观察问题的能力。高校思想政治理论课课堂教学，通过师生的双边活动，既能充分发挥教师的主导作用，又能充分调动学生的学习积极性。教师在课堂教学中，可以按照教学内容和教学大纲，紧密联系实际，有计划、有组织、有步骤、有针对性地通过系统讲授、解答疑难、课堂讨论、作业练习等办法培养学生运用马克思主义的立场、观点、方法观察和分析问题的能力。

3. 有利于增强高校思想政治理论课的针对性，实现教学目标

课堂教学以其特有的知识性和系统性，依据教学内容，结合学生思想实际，进行较为系统连贯的思想政治教育，为学生逐步形成正确的人生观、世界观和价值观等奠定较为坚实的知识基础和理论基础。同时，以班级为单位进行教学，有利于培养大学生的集体主义思想和团结友爱、互相学习、互相帮助、取长补短的精神。

（五）课堂教学是提高思想政治理论课教学质量的基本保证

课堂教学不仅是完成高校思想政治理论课教学任务的基本途径，还是整个教学过程的中心环节，是提高高校思想政治理论课教学质量的基础和关键。在思想政治理论课几十年的发展历程中，广大高校思想政治理论课教师对教学形式进行了创新性的改革，对课堂教学的结构、方法也进行了不少有益的试验，积累了一定的经验，丰富了课堂教学的内容，提高了课堂教学的效率。这对于完成高校思想政治理论课教学任务、提高思想政治理论课教学质量发挥着重要的作用。例如，有的思想政治理论课老师积极探索创新思想政治理论课教学模式，通过制订新的教学计划、选用新的辅助教材、优化教学内容、创新教学手段，不断提高思想政治理论课教学质量，取得了明显效果。为增强思想政治理论课教学的针对性和实效性，有的教师突破按章节授课、教师固定班级授课的传统教学模式，尝试推广"专题教学、巡回授课"的新教学模式。在开展专题教学、优化教学内容方面，有的教师根据新课程体系和教学大纲，通过对各科教学内容进行整合、提炼，形成了既相对独立又内在密切联系的系列教学专题，由授课教师分头备课、讲授，既使教学内容更精练、更充实，又能发挥教师个体的学科、专业特长，把教学内容讲精、讲透。在实行巡回授课、创新课堂教学模式方面，由传统的一个教师固定在一个班级全程授课，改为由课程组教师在不同班级巡回讲授，让教师接受更多学生的检验和评价，让学生领略更多教师的教学风格，调动了教与学两方面的积极性。

二、高校思想政治理论课课堂教学的形式与创新

课堂教学的形式，是指课的类型和结构。课的类型，是指根据主要的教学任务划分的课的种类，一般可分为单一课和综合课两类。课的结构，是指课的组成部分以及各部分进行的顺序和时间分配。由于课型不同，课的结构也不同。教学形式是教学过程及其规律的具体体现。采取什么形式组织教学，是由课程的性质、内容、目的、任务以及学生的实际决定的。课堂教学结构是教师在一定的教育思想的指导下为完成一定的教学目标，对构成教学的诸因素在时间、空间方面所设计的比较稳定的、简化的组合方式及其活动程序。课堂教学结构是否优化直接关系到一节课的教学目标能否完成以及能否调动学生的学习积极性。课堂教学结构不是固定不变的，而是随着教学目标、教学策略、学习评价的不同而变化的。高校思想政治理论课的课型和结构，是为高校思想政治理论课教学任务服务的，是为大学生学习和成长、成才服务的，是为思想政治理论课教学过程服务的。

（一）高校思想政治理论课课堂教学的类型

1.高校思想政治理论课单一课教学

单一课，就是指在一节课中，只进行一个方面的内容教学，完成一个主要教学任务，其内容集中、单纯、中心突出，能有效地解决某一方面的问题。高校思想政治理论课单一课教学主要有以下几种。

（1）绪论课

绪论课又称导言课，是指每门课程正式教学开始前的前言课、简介课、概论课、导入课。其主要任务是对该学科进行综合性的概括和介绍，使学生对这门课程有一个总体的、大概的认识。同时，了解该课程的教学特点、学习方法和教学总体安排，让学生明白为什么学、学什么、怎么学等问题。绪论课起着开宗明义和引领全局的作用。

（2）讲授新知识课

讲授新知识课是指以讲授教材新内容为主的课型。其主要是向学生讲授新知识，保证教学内容的完整性和连贯性。它具体包括组织教学、导入新课、讲授新课、巩固新课、课后作业练习等。

（3）巩固知识课

巩固知识课也称复习课。其是指使学生将已学的知识系统化和条理化，并加以巩固的课型。一般是讲完一章、一个专题或几个单元、几个专题后，需要

进行阶段复习总结时采用的课型。它一般包括组织教学、宣布复习计划、提出复习要求、按照计划和要求进行复习或总结等。

（4）练习课

练习课是在巩固已学过的基础知识并运用这些知识分析说明问题时采用的课型。首先由教师说明练习的目的、要求，然后进行讲解、示范或分析具体事例，最后由学生独立地进行练习。练习的形式和方法可分为口头练习、书面练习和实践活动练习三种。

（5）讨论课

在操作过程中，一般先由教师或学生提出讨论题目，说明讨论的目的、要求和注意事项，然后由学生进行讨论或辩论，从而达到统一认识、理解和掌握知识、提高能力和觉悟的目的。讨论中教师要多采用启发式教学，进行"点拨""疏通"。最后教师做小结。

（6）知识考查课

知识考查课也称考试课。这种课型一般多用于期中和期末。这种课型通常采用提问或书面的形式进行，同时可以配以作业或实践活动等形式进行。

（7）讲评课

讲评课主要是对学生的考卷、作业等进行分析和评价，使学生了解自己对知识的掌握情况，明确正确的答案，纠正错误的答案，从根本上明白其原因，帮助学生总结经验教训，提高学习质量。

2. 高校思想政治理论课综合课教学

所谓综合课，就是在一节课内把讲课、复习巩固、检查问题、作业练习等活动交错起来进行，同时完成多种教学任务的课型。此种课型有利于培养学生对知识的整体认识、掌握、运用能力，具有较强的实践性。在一节课内既复习、巩固已学过的基础知识，又讲授新知识，而且常常有讲有练，讲练结合。因而，它能较好地集中学生的注意力，激发学生的学习兴趣。这在高校思想政治理论课课堂教学中也是经常使用的一种课型。

（二）高校思想政治理论课课堂教学的结构与创新

高校思想政治理论课课堂教学的结构一般包括以下方面。

1. 组织教学

组织教学，就是在教学过程中，用教学秩序维持师生双边活动、保证教学进度和教学内容实施以及教学任务完成的教学活动。教师在教学过程中要随时注意组织教学，以排除干扰，提高学习效率，保证教学的顺利进行。它是完成教学任务、提高教学质量的重要前提，也贯穿于全部教学过程中。

2. 复习检查

复习检查的内容可以是上一节课的内容，也可以是以前学过的并与马上要学的知识有关的内容。复习检查的形式要多样，一般是口头提问、板演、检查课外作业。复习检查的目的在于对已学过的知识进行复习巩固，了解学生掌握的情况，加强新旧知识的联系，为学习新知识做好准备，使新旧知识有机地联系起来；通过复习检查，还可培养学生的责任感和良好的学习习惯。

3. 讲授新课

讲授新课是课堂教学的中心环节。这个环节包括：把学习的题目、内容、目的与方法告诉学生；引导学生感知教材，教师讲清教材中的重点难点、基本概念、基本原理和主要观点；遵循理论联系实际的原则，帮助学生初步学会原理的具体运用。传授新知识特别要注意启发性，以便充分调动学生的积极性。传授知识一般从引导学生再现学习新教材所必需的知识入手，然后导入新的课题。教师在讲授新课时，要灵活地、创造性地运用各种教学方法，根据每节课的教学目的和要求掌握好教学内容的深度和广度，保证科学性和思想性的统一。

4. 巩固新课

巩固新课是在讲授完新课后教师用精练扼要的语言，把本节课的中心内容加以系统概括，使学生对所学内容做到基本掌握和消化，或提问检查学生对本节课内容的理解程度，并针对检查出来的问题及时加以解决，巩固所学知识。还可以通过讨论、阅读课本、整理笔记、书面测验、作业练习等方式方法达到对所学知识深化理解、巩固提高的目的。同时，巩固新课的作用还在于帮助学生及时巩固复习，使知识系统化、条理化；掌握重点，解决难点；检查本节课的教学效果；及时查漏补缺，改进教学。

5. 布置作业

布置作业是为了让学生在课堂教学活动之外，更好地去理解和掌握课堂所学的知识。作业的内容，应当符合教学大纲（课程标准）和教材的要求，作业的目的要明确，每项作业都有明确的意图，要为学生知识的巩固、技能的训练服务。高校思想政治理论课的作业，可以是复习题、思考题、各种类型的练习题，也可以是课外活动、心得体会、小论文、社会调研或对学生的思想行为要求等。布置作业的目的在于增强课堂教学的效果，消化课堂讲授的内容，培养学生分析问题、解决问题和参加社会实践的能力，落实知与行的统一，检查教与学的效果。同时，使大学生合理地利用课外时间，进一步巩固所学的知识、技能，培养他们的独立工作能力。

组织教学、复习检查、讲授新课、巩固新课和布置作业五个环节构成一堂课教学的全过程，它们之间彼此联系，相互贯通，各自发挥不同的作用，共同完成一节课的教学任务。这些教学环节集中反映了高校思想政治理论课课堂教学的基本规律，是提高思想政治理论课教学质量的重要保证。同时，在实践中不能把这五个环节视为一成不变的公式去机械套用，而应该在教学过程中，根据具体情况，创造性地、灵活地运用。

第三节　建立高校思想政治理论课教学质量监测的长效机制

一、深化高校思想政治理论课教育教学质量监测的相关理论研究

思想政治理论课在我国高校的特殊地位，以及思想政治理论课教育教学质量监测的重要作用，迫切要求我们探索并建立高校思想政治理论课教育教学质量监测的长效机制。当前的着力点主要是：要进一步深化高校思想政治理论课教育教学质量监测的相关理论研究；要不断提高高校思想政治理论课教育教学质量监测工具的信度与效度；要努力改进高校思想政治理论课教育教学质量监测的技术和手段；要探索建立高校思想政治理论课教育教学质量监测的专业队伍、机构与制度。

（一）深化教育教学质量研究

开展思想政治理论课教育教学质量监测，首先要弄清楚什么是"教育教学质量"，而这又必须先回答什么是"质量"。质量一般有两种解释：第一种是物理学中的质量概念，它是指量度物质惯性大小和引力作用强弱的物理量，最初作为"物体中所含物质多少的量"。第二种是企业管理实践中对质量的界定，它包括五种不同的说法：①产品质量说。从工业的角度出发，认为质量就是产品的特性。②达成度说。认为质量是实现目标的程度。③替代说。用卓越、一流、优秀等词替代质量。④实用说。注重实用，强调产品对社会需要的满足。⑤绩

效说。从投入和产出的维度考查，以绩效大小评判质量。这几种说法都传达了一种信息，即质量是事物或产品的特性，而这一特性又是以满足需要、达到目的或要求的发展为外在表现形式的。我国《辞海》也将"质量"解释为产品或工作的优劣程度。

1. 教育质量观

教育质量是高等教育永恒的主题，是办学者、教育者、管理者始终萦绕于心、常议常新的课题。早在 1968 年，美国高等教育委员会就在首次报告的扉页上郑重提出："美国需要和希望高等教育提供高质量的结果。"在世界高等教育大众化的进程中，世界上很多国家都曾出现过对质量问题的集中讨论。伴随着我国高等教育大众化的推进，高等教育量的扩张与质的控制、保障如何达到和谐统一已成为当前高等教育界研究的热点和重点问题。

《教育大辞典》指出：教育质量是指教育水平高低和效果优劣的程度，最终体现在培养对象的质量上，衡量的标准是教育目的和各级各类学校的培养目标。前者规定受培养者的一般质量要求，也是教育的根本质量要求；后者规定受培养者的具体质量要求，是衡量人才是否合格的质量规格。按照这一解释，教育质量标准可以分为两个层次：一个是一般的基本质量要求，另一个是具体的人才合格标准。1998 年 10 月，联合国教科文组织在巴黎召开的首届世界高等教育会议所通过的《21 世纪的高等教育：展望与行动世界宣言》提出了获得广泛认同的观点："高等教育的质量是一个多层面的概念"，要"考虑多样性和避免用一个统一的尺度来衡量高等教育的质量"。它不仅包括教师的教学质量与科研质量、学校的管理质量与服务质量，还包括学生学习质量等方面。

从教育的价值观来看，教育质量至少包括以下三个方面：一是以传授知识为本位的教育价值观，认为知识是理性之本、为善之本。这是西方国家大多还在采用的教育价值观。二是社会本位的教育价值观，强调人要服务于社会。这个价值观在当代中国强调较多。三是学生本位价值观，认为教育应促进学生个性的发展、潜能的发挥，使学生成为一个完全的人、自由的人，使学生的智力得到充分的发挥。这个教育价值观，已经越来越引起世界各国的重视。

不同的教育质量观反映了人们对教育的不同认识，同时也反映出人们各种主张背后的不同价值取向。如班杜拉的社会学习理论以交互决定论为基本观点，强调人与环境的交互作用，用这种交互作用的强弱判断学习与教育质量的高低，这是社会本位的质量观。奥苏贝尔的有意义学习理论则认为质量是前一阶段的学习为下一阶段学习准备的充分程度。显然，这是一种知识本位的教育价值观。

我国学者王承绪、徐辉认为"质量是指学校里进行的某些教育活动的目标实现的程度"。这向我们展示了一种目标取向的教育质量观。也有国外学者放弃寻求质量的理论或定义，强调质量的模糊性，可以视为一种虚无质量观。建构合理的教育质量观意义重大，它是观察教育现象、研究教育问题、揭示教育规律的正确导向，是教育工作者保持理性的审视态度的认识论基础，也是科学方法论的源泉。的确，期待一种潜在性的公认教育质量观的出现是过于乐观的，但因为难以统一观念而放弃对教育质量的研究也是过于极端的。在当今世界教育交流合作频繁、多元文化交互发展的形势下，我们主张多元综合的教育质量观。

这种新的教育质量观应建立在以下三个论点上：①高等教育的质量是素质——提升人的整体素质。在素质方面，我们已经提出的素质教育与此是相辅相成的，主体意识、成功信念、创新精神、合作行为、实践观念，这些都是人的整体素质，也是获得成功的基本素质或必备素质，可以浓缩为思想道德、创新精神和实践能力三个方面。②高等教育的质量是能力——培育人的创新能力和实践能力。在能力方面，培育人的创新能力和实践能力是从两个不同的角度来考察的。创新过程的研究成分较多，实践过程的应用含量更足。在能力的培养上，如果从研究和应用这两个不同的角度来考察，也许能够揭示出普通高等教育和职业高等教育性质上的一些区别。③高等教育的质量是特色——发挥学校特色，扬长学生特色，满足多样化的社会需求和个体要求。在特色方面，强调学校的特色和培养学生的特色，学校的功能在于培养满足多样化的社会需求和个体需求的人才。特色体现在培养人才的规格、类型和针对性等方面。

2. 教学质量观

教学质量观是指人们对于教学质量这一指标的看法和观点，是人们对教学任务完成标准的理性认识，是主观见之于客观的过程。教学质量是一个公认的难以界定的概念。高等教育质量的核心是教学质量，高等教育质量的概念直接影响到教学质量概念的形成，它的多层面性使得人们对教学质量形成了多样化的认识。长期以来，人们一直在学校教育实践中对教学质量问题进行探讨研究，取得了一些初步成果。概括起来看，主要有以下几种观点。

第一种观点，受传统教育观的影响，人们在看待教学质量时，所关心的几乎总是学生学习成绩方面的认知结果。同时，把质量看作"优秀""卓越"的同义语。在描述教学质量内涵时，一般认为，教学质量就是所培养的学生学习成绩的优劣程度。衡量教学质量的主要依据就是学生的考试成绩，优秀率高的就是教学质量高。这一定义显然有很大的局限性，忽略了教学质量形成的过程。

第二种观点，认为教学质量是指教师教与学生学对既定教学目标的满足程度，是教师工作质量和学生学习质量的总称。这个既定的教学目标应包含三方面的具体内容：一是学生对新知识的获取和深化的准备程度；二是学生的知识和能力满足社会现实和长远需要的充分程度；三是学生的个性发展的充分程度。这一概念依赖于对教学目标的制定，而且总体上还是以"符合性"为特征，难以保证满足社会和学生的真正需要。

第三种观点，认为教学质量是学校所培养的人才、教学工作和全面建设工作的优劣程度。这是企业全面质量管理概念与方法在教学领域应用的结果。其优点是扩大了教学质量含义的范围，不足之处是对教学质量的本质特征把握不够。

第四种观点，认为教学质量是指学校为满足社会和个人发展的需要而确立的教育教学目标。这一观点是学校教学质量理论的最新研究成果，正在进一步发展运用。

依据现代管理理论，对教学质量还可以从以下两个方面去理解和把握：第一，从教学质量的文字内涵理解，形成所谓狭义的教学质量；第二，从教学质量的外延理解，形成所谓广义的教学质量。

狭义的教学质量以课程教学为核心，并以学生所获得的各种服务，以及学生的知识、能力、素质的增长来衡量。教学主要是一种受指导的学习过程，是一个教者与学者的互动过程，因此，教学质量主要是互动过程的质量。由于这种互动过程反映在课堂上，所以，教学质量就是课堂质量。广义的教学质量以学校人才培养质量为核心，涉及学校育人工作的各个方面，主要用学校提供的教学服务质量和"学生产品"质量来表征。广义的教学质量还可以从不同的角度去理解与把握。从人力资源投入考虑，教学质量应该包括教师教的质量和学生学的质量，联系物力资源投入以及投入资源的效益，显然也包括教学管理质量。从过程和产出考虑，广义的教学质量主要指教学工作质量和"学生产品"质量。教学工作质量是指与教育对象有关的服务工作对于服务对象各种要求的满足程度，具体表现为教学环节质量。教学环节是指人（教师、学生、管理人员）、材料（教材、信息资料）、方法（教学、学习方法）、测量（考试、考核）和环境（校风、学风、教风）等五方面因素，它们对"学生产品"质量综合起作用的过程，就是"学生产品"质量特性形成和发生变化的过程，作用的结果集中地反映在教学环节质量上。"学生产品"质量是指通过教师的引导、启发、协助、服务和学生主动学习的共同活动，使学生的知识、能力和个人素质不断地得到提高，并能适应社会需要的程度；"学生产品"质量是在教学工作过程中形成的，并由教学工作质量来保障。

高校思想政治理论课教育教学质量则是指在理论课教育教学过程中，在一定的时间和条件下，大学生思想素质、政治素质、道德素质及心理素质等发展变化达到某一标准的程度以及不同的公众对这种发展变化的满意度。理论课教育教学质量测评的"以学评教"模式中，"质量"概念正是从这个意义上来使用的。

（二）深化教育教学评价研究

开展高校思想政治理论课教育教学监测并建立长效机制，还要进一步深化教育教学评价的研究，树立现代发展性评价新理念。教育评价发展至今已经历了四个阶段（有的学者把教育评价划分为四代）。

第一代评价（心理测验时期），兴起于19世纪末至20世纪30年代。这一阶段的评价在本质上是以测验或测量的方式，测定学生对知识的记忆状况。其基本特点是：认为评价就是测量，评价者的工作就是测量技术员的工作，即选择测量工具、组织测量、提供测量数据。当时，教育测量的研究取得了一系列的成果，在考试的定量化、客观化与标准化方面，取得了重要的进展。它强调以量化的方法对学生学习状况进行测量。然而，这种考试与测验只要求学生记诵教材的知识内容，较为片面，无法真正反映学生的学习过程。

第二代评价（目标中心时期），兴起于20世纪30年代。这代评价认为，评价在本质上是描述，即描述教育结果与教育目标相一致的程度。其基本特点是：认为评价过程是将教育结果与预定的教育目标相对照的过程，是根据预定教育目标对教育结果进行客观描述的过程，评价的关键是确定清晰的、可操作的行为目标；明确提出了教育评价的概念，从而把教育评价与教育测量区分开来，评价不等于"考试"和"测验"，尽管考试和测验可以成为评价的一部分。

第三代评价（标准研制时期），兴起于20世纪50年代。其基本特点是：把评价视为价值判断的过程，评价不只是根据预定目标对结果的描述，预定目标本身也需要进行价值判断；既然目标并非评价固定不变的铁的标准，那么评价就应当走出预定目标的限制，过程本身的价值也应当是评价的有机构成。

第四代评价（结果认同时期），兴起于20世纪70年代。其中心思想是，认为评价在本质上是一种通过协商而形成的心理建构，坚持价值多元性的信念，反对管理主义倾向，非常关注评价结果的认同问题。关注评价过程，强调评价过程中评价给予个体更多被认可的可能。基本特点是：把评价视为评价者与被评价者"协商"进行的共同心理建构过程，评价是受"多元主义"价值观所支配的；评价是一种民主协商、主体参与的过程，学生（被评价者）也是评价的参与者、评价的主体；评价的基本方法是"质的研究"方法。总之，这一时期重视评价对个体发展的建构作用，因此，又称为"个体化评价时期"。

根据第四代教育评价的特点，课题组认为，高校思想政治理论课教育教学的测评要坚持将发展性评价作为指导理念。发展性评价是针对教育、教学评价存在的弊端而日渐兴起的一种教育、教学评价思想。在我国，针对学校教育、教学评价存在的弊端，发展性评价思想也被学者们引入，开始确立以追求被评价者的发展为指导理念的教育、教学评价。

发展性评价有几个明显特点：①发展导向性。它淡化甄别、选拔、分类划等、奖优罚劣等功能，更强调形成、发展功能。②多元主体性。它强调被评者的参与，注重被评者的自我评价，从而改变被评者的被动接受状态，充分发挥其主观能动性。③动态性。它不是把凝固化的目标作为评价标准，而是保持目标的开放性，以发现被评者尚未发展但能够和应该发展的空间和潜能。④注重质性分析和定量分析的结合。它反对过于倚重统一指标体系的简单化的定量分析，提倡在定量分析的同时注重质性分析，它提倡建立多元化的指标体系，对被评者进行全面评价。

高校思想政治理论课是对大学生进行思想政治教育的主渠道，是高校教育、教学的重要工作之一。《中共中央、国务院关于进一步加强和改进大学生思想政治教育的意见》指出，要把大学生思想政治教育工作纳入高等学校党的建设和教育教学评估体系中。而高校思想政治理论课教学测评对高校思想政治理论课教学起着激励、导向和监控作用。随着中国特色社会主义事业的迅速发展，随着"以人为本，全面、协调、可持续发展"的科学发展观的深入贯彻，"实现什么样的发展、怎样发展"的问题日益为人们所关注。高校在贯彻落实科学发展观时也必须以发展为第一要义，努力改进思想政治理论课现有的教育教学测评方法，树立并认真贯彻发展性评价的理念，通过高校思想政治理论课教育教学测评，促进学生的全面发展和教师的长远发展。

1. 高校思想政治理论课"学"之测评

高校思想政治理论课教学测评是运用有效的评价技术和手段，测定、分析高校思想政治理论课教学活动的过程和结果，并给予价值判断的过程。高校思想政治理论课教学测评主要体现为"学"的测评和"教"的测评两个方面，这两个方面是高校思想政治理论课教学测评的核心和重点。从"学"的方面对高校思想政治理论课教学进行测评，应该坚持贯彻发展性评价理念，以促进学生的全面进步、成人成才为目标。

　　高校思想政治理论课承担着对大学生进行系统的马克思主义理论教育和思想政治教育的重任。而马克思主义理论教育、思想政治教育的根本目的在于引导和帮助大学生树立正确的世界观、人生观、价值观，促进大学生健康成长和全面发展。这是马克思主义的必然要求，也是由我国的社会主义性质决定的。因为马克思主义是以解放全人类为目的的、具有浓厚人文关怀意蕴的科学理论，马克思主义指引人们建立的未来理想社会是"以每个人的全面而自由的发展为基本原则的社会"，社会主义是实现共产主义的必经阶段，在社会主义社会，就要以促进人的全面发展为目标，为人的全面发展创造条件。江泽民曾指出，促进人的全面发展是社会主义的本质要求。胡锦涛也指出，社会主义各项事业都要贯彻以人为本，全面、协调、可持续发展的科学发展观，也就是说各项事业都要尊重人、发展人。社会主义的思想政治教育是以马克思主义理论为指导的，当然应该以促进人的全面发展为目的，通过思想、精神、思维、观念等的力量促进人求真、向善、臻美。《中共中央、国务院关于进一步加强和改进大学生思想政治教育的意见》强调大学生思想政治教育要"以大学生全面发展为目标"，高校思想政治理论课是对大学生进行思想政治教育的主渠道，也应自觉地服务于大学生的全面发展、成人成才。《中共中央宣传部、教育部关于进一步加强和改进高等学校思想政治理论课的意见》强调高等学校思想政治理论课教学要立足于帮助大学生树立正确的世界观、人生观、价值观。可以看出，促进大学生成长成才是高校思想政治理论课的旨归。高校思想政治理论课"学"之测评，是以高校思想政治理论课的目的、目标为依据的，也就是要坚持以促进大学生的全面发展为标准，并将促进大学生的全面发展作为测评的指导思想和根本理念。测评不仅在于检验大学生"学"的效果，更在于发挥发展、激励、诊断的功能，引导大学生自省、发现自身全面发展中存在或出现的问题，通过改进高校思想政治理论课以满足他们的发展需求。总之，测评应服务于大学生的发展。

　　目前，在我国高校思想政治理论课的教育教学测评中，从整体上说尚未在贯彻发展性评价理念方面取得实质性的突破。对"学"的测评主要是通过成绩考核的形式进行的，通过量化的成绩来对学生进行选拔、评优、分类划等、鉴定排序。这种考核通常在学期末进行，连续性、动态性不足，相对重视结果而轻视过程，这不利于促进学生的全面发展。同时这种测评通常重对知识掌握程度的考核而轻对将知识转化为智慧的能力以及情、意、行等方面发展的考核，设置的测评指标、采取的测评标准相对单一、固定。更重要的一方面，学生在整个测评过程中处于被动的地位，他们不能参与决定测评的标准、测评的方法、测评的目的，因而不利于发挥他们的主动性、积极性，从而难以发挥测评促进学生发展的功能。

在实践中，高校应努力改变这种局面，探索更能促进学生发展的新的测评体系和方式。早在 1993 年，湖南理工学院便尝试进行学生测评体系的改革，努力完善学生测评体系。1998 年，清华大学成功进行了"邓小平理论概论"课程考核方式的改革实践，率先提出了"小组论文＋小组答辩"的考核方式。学者们也积极从理论上探索更能促进学生发展的考核方式，如有学者提出"邓小平理论概论"课考试应采取"讲、研、测"三元考核、动态跟进式的考核模式。

有学者提出应从课程学习和行为表现两大方面设置考核的具体指标。有学者指出合理的考评模式应满足几个基本条件：所考核的问题，应是学生熟悉并有所感受的问题；应是与课程中的基本观点相联系的问题；应是具有多种可能解决（释）途径的问题；应是有进一步发展和深化余地的问题；应是能够进行科学的价值判断的问题。还有学者指出，思想政治理论课考试模式应做到"三个着眼于"：着眼于提高学生对实际问题的理论思考能力来设置考试目标，突出对思维方式的考核；着眼于提高学生对理论知识的实践运用能力来设置考试目标，加大实践考核内容的权重；着眼于提高学生的精神境界和道德境界来设置考试目标，实现考试的实效性与教育教学实效性的统一。这些探索和见解在一定程度上反映出高校重视发展性评价的趋向，但总体来看，我国高校思想政治理论课还必须进一步改革、完善当前的测评体系和方式，认真贯彻发展性评价理念，立足明天，着眼于学生的发展。对"学"的测评不应采取单一的指标，而应建立多元指标体系，测评也不应局限于鉴定划等、甄别选拔，更应强调测评的导向、激励、诊断、服务功能。整个测评对学生而言不应是控制其精神和行为的手段，而应成为探索其发展过程中的困惑、疑问、欣喜和满足等生命体验的途径。这就要求在测评中尊重学生的主体性，提高学生在测评过程中的参与性，允许他们参与测评标准的制定、测评内容的选择以及对测评结果的解释。通过提高学生的参与性，学生更加深入地认识自己与评价要求之间的差距，更自觉地去追求发展目标、达到评价要求。总之，高校思想政治理论课测评应该"为了一切学生，为了学生的一切，一切为了学生"，通过测评激发学生发展的内部动力，促使其不断进步，开发自身发展潜能，实现自身价值。

2. 高校思想政治理论课"教"之测评

教师作为教学的实际操作者，直接影响着学生的"学"，对教师的"教"

进行测评是高校思想政治理论课教学测评的另一个重要方面。从"教"的方面对高校思想政治理论课进行测评，也需要贯彻发展性评价理念，通过评价促进教师发展。《中共中央宣传部、教育部关于进一步加强和改进高等学校思想政治理论课的意见》指出，提高高等学校思想政治理论课教育教学的质量和水平，关键在教师。高等学校思想政治理论课教师是马克思主义理论和党的路线、方针、政策的宣讲者，是社会主义意识形态和精神文明的传播者，要不断提高马克思主义理论素养，提高科研能力和教学水平，做坚定的马克思主义者，做教书育人的表率，做大学生健康成长的指导者和引路人。而只有在对教师"教"之测评中坚持促进教师发展的发展性评价理念，才能促进教师牢固树立坚定的理想信念，不断提高为思想政治理论教育事业服务的责任感和使命感；才能促使其努力学习、刻苦钻研，不断增强马克思主义理论素养和人文社会科学知识基础；才能促使他们真正深入实践，了解学生，提高教学艺术和教学能力；才能促进他们注重师德修养，提升精神境界，做教书育人的典范，真正成为学生发展的"导师"。

目前，高校思想政治理论课教师测评中，比较注重"奖惩性评价"。这种评价通常事先由学校制定出一系列的评价指标，以绩效指标为主，期末或年终统一对教师的教学工作进行检查、评估、记分，这种测评与教师晋职晋级和津贴待遇挂钩，并依不同的等级对教师进行奖励或处罚。虽然《中华人民共和国教师法》第22条规定"学校或者其他教育机构应当对教师的政治思想、业务水平、工作态度和工作成绩进行考核"，即"德、勤、能、绩"是教师考评的国家标准。但当前在教师评价实际操作中，存在重视"绩"而轻视"德、勤、能"的片面性，没有实现德、勤、能、绩的全面考核和有机统一。因此，教师中严格要求学生者可能会吃眼前亏。奖惩性评价在历史上有其特定的合理性，但随着时代的发展，其弊端也日益暴露出来。首先，这种评价是自上而下实行的，忽视了教师的主体性。它是管理者运用一定的量化指标对教师进行的考核，考核内容和标准大部分是根据领导者的意图来确定的，较少考虑教师的个人发展需求和实际状况，教师没有太多的发言权，往往处于被动、消极的地位。其次，这种评价以量化为主，弹性不足。它把思想政治理论课作为必修课所安排的课时数，采用多媒体教学的比例，教学计划和教案的完整性，试题的覆盖面、题型、题量及分值分布，试卷分析，平时成绩与期末成绩的分配，学生考试成绩的优秀率等作为测评内容。这种测评不能对教师的工作给予全面、客观、公正的评价。而且它用统一的标准规范去要求具有不同教学风格和方法的教师，用同一把尺子丈量具有不同特点的教师，不利于促进教师增强教学的生动性、丰富性，形成鲜明的个性。最后，评价过程缺乏动态性。由于评价主要在年末或期末进行，是对教师一学年或一学期工作的总结，因此，其主要是一种静态的评价，未注重教师的发展和进步，不利于教师发现自身存在的问题，从而也难以促进教师自身的发展。

事实上，2001年教育部印发的《基础教育课程改革纲要（试行）》就指出："要建立促进教师不断提高的评价体系。强调教师对自己教学行为的分析与反思，建立以教师自评为主，校长、教师、学生、家长共同参与的评价制度，使教师从多渠道获得信息，不断提高教学水平。"由此可见，基础教育中教师教学测评的发展方向是以教师发展为导向的发展性评价，那么，在高等教育中同样应该如此，在对思想政治理论课教师的测评中更应如此。

因此，高校思想政治理论课对"教"的测评必须贯彻"发展性评价"的理念，促进教师发展，通过对教师素质及其在教育教学工作中的行为表现的测评，评判教师的素质水平和教育教学效果，并为进一步提高教师的素质水平和教育教学质量提供切实可行的建议，帮助他们拓展未来发展的空间。在实施测评的过程中，要充分尊重教师的主体地位和人格，激发他们的主体意识、参与意识和创造精神，通过动态考核和信息反馈，帮助教师确定他们的个人发展需求，协助他们制定个人发展目标，为他们提供培训、进修、深造等自我发展的机会，全面提高教师的思想政治素质、业务素质和师德修养，在测评中促进他们不断实现自身的"增值"。唯有如此，才能促进高校思想政治理论课的科学发展。

总之，"发展性评价在评价主体、评价内容、评价目的以及评价者与评价对象的关系等方面实现了根本转变，是提高思想政治理论课教学质量的重要绩效工具"。它更是高校思想政治理论课测评的指导理念，高校思想政治理论课"学"之测评和"教"之测评都要坚持以发展性评价思想为指导，使高校思想政治理论课测评能为被评者进一步开拓发展空间、实现发展的多种可能性和可持续性提供必要的帮助和指导。在发展性评价理念的指导下，确立领导、教师、学生甚至包括上级部门、社会大众、用人单位在内的多元测评主体，积极发挥这些主体的主动性、积极性，尤其要发挥学生自评与互评、教师自评与互评以及教师与学生间互评的积极作用，使学生、教师将评价作为自我完善、自我发展的自觉要求，在生生互动、师师互动、师生互动中促进共同发展。在发展性评价理念的指导下，建立一个具有科学性和可操作性的高校思想政治理论课测评体系。总之，在高校思想政治理论课教学测评中，要贯彻发展性评价理念，围绕高校思想政治理论课教学的目的和特点，以实现师生的共同发展为出发点和归宿，促进测评手段的多样化、测评主体的多元化、测评内容的立体化、测评过程的动态性，不断实现以评促"学"、以评促"教"、以评促发展。

二、提高高校思想政治理论课教育教学质量监测工具的信度与效度

凡测量都有信度与效度的问题，即可靠性与有效性问题。测量工具的信度与效度，对于高校思想政治理论课教育教学质量监测至关重要。弄清什么是信度与效度，哪些因素影响测量的信度与效度，进而采取有效措施不断提高测量工具的信度与效度，是建立高校思想政治理论课教育教学质量监测长效机制的迫切需要。

（一）信度与效度

1.测量的信度

信度，即可靠性，是指测量结果的一致性或稳定性。换言之，是指测量工具能够稳定、一致地反映事物属性的程度。通俗地讲就是：测量结果反映测量对象实际情况的可靠程度（能测出研究者所要了解的属性和特征）。当我们用同一测量工具重复测量某项稳定的特征时，是否得到相同的结果？对这一问题的回答可知稳定性；测量工具能否减少随机误差中的影响，而提供某项特征个别差异程度的真实量数？对这一问题的回答可知准确性。

那么，怎样衡量信度高低？一般来说，信度指标都以相关系数（r）表示，即用同一样本所得到的两组资料的相关系数来表示，也称为信度系数。

例如，$r=0.80$，说明实得分 80% 来自对象本身的差别，20% 来自测量误差；$r=1$，说明所有差异均来自对象本身，无误差（当然这是不可能的）；$r=0$，则说明所有差异均反映了测量误差。一般而言，$r \geqslant 0.80$ 就说明测量达到了足够的信度。

信度主要包括再测信度、复本信度和折半信度三种类型。

①再测信度：用同一种测量工具，对同一测量对象先后进行两次测量，然后比较两次测量结果并计算其信度系数。再测信度反映测量的稳定性，但要注意测量前后间隔时间。间隔太近，可能受到测量对象记忆的影响；间隔太远，测量对象本身可能会发生变化。

②复本信度：用两种内容、难度、篇幅等相类似的测量工具对同一对象进行测量，根据其结果计算信度系数。复本信度不受时间影响，两者测量结果相同或相近，说明信度高；相反，则缺乏信度。

③折半信度：设计一组项目按单双号编号的测量工具，并使单、双号项目

在内容、难度等方面都具有相等的性质，对对象测量后，根据单、双号项目得分计算信度系数。在一种测量没有复本，且只能实施一次的情况下，通常采用折半法来估计测量信度。

2. 测量的效度

效度即有效性，是指测量工具测出变量的准确程度。效度高，就说明测量的结果能反映对象的真正属性、特征。例如：要测量大学生对开设"思想道德修养与法律基础"这门课程的态度，如果用"期末教师教学工作水平评估表"来测，就没有效度；同样，如果用"思想道德修养与法律基础"期末考试试卷来测教师的教学工作水平也没有效度。如果"思想道德修养与法律基础"期末考试仅用选择题、填空题等几种形式来测试知识点，虽不能说没效度，但效度显然不高。如果加上分析、判断题来检测理解分析问题、解决问题的能力，加上一些量表来测量态度、信念、价值观等，效度可能就比较高。可见，效度是测量工具最重要的必备条件，一项测量若无效度，那就不能发挥其功能。比如，如果要测一个苹果的成分，天平是没有用的，哪怕这台天平再精确。因此，选用测验标准或自行设计编制测量工具时，首先要考虑效度。当然，还要考虑研究的目的，效果很好的测量工具，在不同条件、目的和用途的研究中，可能毫无价值（如引进国外的一些测量量表就不一定适合国内的情形）。也就是说，任何一种测量工具只对某种特殊目的的研究有效，只能对特定项目做正确度量（不能简单套用甚至滥用）。

如何评价效度？评价效度一般采取三种方式：一是经验评价，即请专家和有经验的人来评价测量结果的有效性和正确性。如对"思想道德修养与法律基础"教育教学质量的测量结果，请从事该课程教育教学的专业教师来评价。二是逻辑检验，即对测量结果进行逻辑分析后判断。例如，前面对于"这门课对我影响大"的陈述表示"同意"的占80%以上，而后面对于"这门课我的收获不大"的陈述表示"同意"的占90%以上，就不符合逻辑，据此可判断这一测量效度不高。三是效标比较，即选择某些权威性的基准或资料作为效度的标准，然后将测量结果与之相比较，并做出有效程度和正确程度的判断。

效度主要包括内容效度、准则效度和建构效度三种类型。①内容效度。指测量内容或测量指标与测量目标之间的适合性和逻辑相符性。②准则效度。对同一个概念的测量可以使用多种测量工具，其中每种测量方式与效标的一致性称为准则效度。③建构效度。主要看测量工具是否反映了概念和命题的内部结构，通常在理论研究中使用，也称理论效度。

3.信度与效度的关系

信度与效度都是科学的测量工具所必须满足的基本条件。二者的关系如下。

①信度低，效度不可能高。如果测量的结果不可信、不可靠，那么它肯定不能有效地说明所研究的对象。

②信度高，效度未必高（效度也可能很低）。例如，即使精确地测出了学生对知识掌握的情况，但也未必能说明其能力如何。即研究者若要测量学生分析问题、解决问题的能力，使用上述能精确测量（信度高）学生知识掌握情况的测量工具，效度就不高。

③效度高，信度必然也高。如果测量结果对测量对象能做有效的说明，那么测量结果必然是且必须是可信的。

由此可见，测量的信度是效度的必要条件，而非充分条件，无信度必然无效度，但有信度未必有效度。反之，效度是信度的充分条件但不是必要条件，有效度必然会有信度，但无效度却未必无信度。

总之，信度是效度的基础，效度是信度的目的和归宿，没有效度的信度就失去了其本来的意义。任何测量只有做到信度和效度的统一，才能算是真正科学的测量。

（二）不断提高测量的信度与效度

1.影响信度与效度的主要因素

一项测量的信度和效度受多方面因素的影响，研究者不仅在检验测量工具的信度、效度以及解释测量结果的时候，必须考虑影响信度、效度的各种因素，而且要明确测量工具的适用范围、提高测量工具的信度和效度，更要弄清楚影响信度与效度的各种因素。

（1）影响测量信度的主要因素

测量信度与测量过程中随机误差的大小密切相关。一般来说，随机误差大，信度就低，随机误差小，信度就高。因此，在测量过程中凡是能引起测量随机误差的因素都会影响测量信度。这些因素主要有以下几种。

①测量主体。就测量主体而言，严谨的工作作风和实事求是的科学态度非常重要。若不按测量方案的具体规定施测，没有使测量对象明了测量目的和内容，甚至有意无意给对象一定的"启发"或暗示，测量信度都会大大降低。就统计评分者而言，若前后标准不统一，或评判标准掌握不一，甚至随心所欲，

则也会降低测量信度。

②测量对象。就单个对象而言，其作答态度、应试动机、注意水平乃至身心健康状况等都会影响测量信度。就团体对象而言，由于团体的异质程度与分数的分布密切相关，一个团体越是异质，其分数分布范围越大，计算出来的信度系数值越高，这样便会高估真正的信度值。而当团体内部水平同质性高时，其得分分布必然会狭窄，以相关为基础计算出来的信度值必然小，这又可能会低估真正的信度值。此外，若团体的平均数太高或太低，同样使测验的总分变窄，也会低估真正的信度值。

③测量工具。测量的取样、测验的长度及难度等是影响测量信度的主要因素或关键因素。如所设计的量表中表述问题的语言不通俗、不清晰，使被试感到模棱两可；或者问题的答案有交叉重合的现象，导致被试有可能做出前后不一致的回答；或者问题的答案数目过少，不能清楚地区分各被试态度之间的差异；或者量表的容量过大，所用时间过长，造成被试疲劳或厌倦等都会影响测量信度。此外，测验太难或太容易，都会降低测验的信度。

④测量情境。在具体实施测量的过程中，环境因素包括设备状况、系统运行以及环境温度、是否安静等都可能影响到测量信度。

此外，两次施测之间的时间间隔也会影响测量信度。如计算重测信度、稳定性与等值性系数时，两次测验相隔时间越短，其信度值可能会越高；两次测验相隔时间越长，其信度值可能会越低。

（2）影响测量效度的主要因素

测量效度的高低也受到多方面因素的影响，概括起来主要有以下几种。

①测量项目构成。项目（试题）是构成测量的要素，测量的效度取决于项目的性能。一般来说，测量的取材、项目数量、难度及其编排方式等都与效度有关。如果测量的内容经过周密的考虑、科学的论证、合理的选择，项目数恰当，项目的分辨力高且难度适中，并做了系统的编排，则效度高；反之则效度低。

②测量的实施。测量的具体实施程序及过程是影响效度的重要因素。如测量主体能适当控制测量过程，避免外来因素的干扰和影响，测量效度就可能高；反之则效度低。

③测量的对象。测量对象的兴趣、动机、情绪、态度和身心健康状况，都是决定其在测量过程中行为反应的重要因素。测量对象是否充分与尽力合作，直接影响测量结果的真实性与正确性。

④效标的性质。效标是衡量测量有效性的外在标准，选择适当的效标是测量效度的前提条件。若选择的效标不当，以致测量的效度不能充分反映出来，

测量的价值也就丧失了。

⑤测量的信度。根据上述测量的信度与效度的相互关系，信度是效度的基础，如果测量的信度不高，效度自然不会高。

2. 提高测量的信度与效度的主要措施

既然测量的主体、对象的客观状况和主观态度，测量工具及其测量的各个阶段、各个环节的工作，都会对测量的信度和效度产生或大或小的影响，那么，要提高信度和效度就要针对这些影响因素来采取措施。

（1）提高测量信度的主要措施

一是适当增加测量项目的长度。增加新项目必须与原项目基本上同质，新增项目必须适度。在适当的长度内，且同质性比较高的情况下，一项测量的项目越多，其信度也越高。

二是使测量中项目的难度接近正态分布，并控制在中等难度。

三是努力提高测量项目的区分度。

四是选取适当的测量对象群体。在其他条件相同的情况下，群体内成员特质的分布范围越广，其信度系数也越大。

五是测量主体严格按照测量方案及测量操作手册施测。认真培训测量工作人员并做好测量对象的工作；切实做好测量各个阶段、各个环节的工作。

（2）提高测量效度的主要措施

一是精心编制测量量表，避免出现比较大的系统误差。

二是妥善组织施测，最大限度地控制随机误差。

三是营造和创设标准、规范的测试环境。

四是选好效标，定好效标测量。

三、改进高校思想政治理论课教育教学质量监测的技术和手段

高校思想政治理论课承担着对大学生进行系统的马克思主义理论和思想品德教育的任务，是对大学生进行思想政治教育的主渠道、主阵地。高校思想政治理论课的这一特殊性质决定了其教育教学质量，不仅要看学生是否获得了相关知识和能力，更要看学生相应的情感、态度与价值观是否发生了积极的变化。而学生相关知识、能力、情感、态度与价值观等真实信息的获得，有赖于先进的测验、测量以及调查技术和手段。从这个意义上来说，不断改进这些技术和手段还是建立高校思想政治理论课教育教学质量监测长效机制的关键。

（一）相关知识、能力测验的编制

测验是由一系列的题目构成的，或者说测验题目是测验的基本构成元素。测验题目包括两大类：一类是选择—反应型；另一类是建构—反应型。前者要求被试在几个选项中选择正确的答案，如选择题、判断题等。这类题目又叫客观性试题，可以帮助教师有效地了解学生的认知状态，即对所教授的知识和技能的掌握情况。一般适用于测量知识的掌握、理解、应用、分析几个层次的教学目标。后者要求被试自己提供答案，如简答题、论述题等。这类题又叫主观性试题，它适合于测量较高层次的教学目标。这里分别就几种主要的题型来阐述其编制原则和技巧。

1. 主要题型的编制原则和技巧

关于选择题的编制。选择题由"题干"和若干"选项"组成，题干或者是直接提问，要求学生做出最佳选择；或者是不完整陈述，要求选出正确项。选择题可以用来考查学生对知识的掌握程度或更高层次的思维能力。选择题的优点在于可以将几个不同的选项包括在同一个题目里，学生需要对各选项之间的细微差别做出区分。其缺点是，学生只需要找出正确的答案，而不需要自己回答出正确的答案，这可能会出现猜测的问题。选择题的编制原则与技巧主要有：①题干意义完整、简明扼要且能表达一个确定的问题；②题干尽量不要采用否定结构，而要以正面陈述为主；③干扰项应具有似真性；④避免对正确答案有任何暗示；⑤试题之间应相互独立，避免互相关联；⑥选项合适且表述简短精练；⑦尽量避免"以上皆是"或"以上皆非"的选项。

关于是非判断题的编制。判断题又称为二项选择题，即给学生两个可供选择的回答，要求选择其一。它通常是给一个陈述要求被试做出正误的判断。判断题的优点是简洁，学生可以在很短的时间内完成大量的题目。因此，判断题测验可以容纳大量的评价内容。但判断题有一个很大的缺点，因为判断题只有两个选项，即使学生对正确答案一无所知，也还有50%猜对的可能，加大题量也只能从一定程度上来弥补。

判断题的编制原则与技巧主要有：①表述严谨，引发学生的慎重思考；②题目应主要测量理解能力；③一个题目中只能有一个中心问题或一个核心概念，避免两个以上的核心概念在同一题中出现；④试题应做到是非界限分明，用词准确，避免模棱两可的语句；⑤正句和误句数量应大体相当且要随机排列。

关于填空题的编制。填空题就是给出一个不完整的陈述，要求被试填补完整。这类陈述一般是关于某个知识点的具有代表性的一段描述，或者是一个概念的解释，或者是对某个问题的阐释、总结等。填空题可用来考查被试对知识的记忆和理解能力，适宜在诊断性测验中使用。填空题受被试猜测的影响小，评分比较客观。但它偏重于测量被试的知识记忆程度，不宜使用过多。填空题编制原则与技巧主要有：①陈述缺省的部分尽量出现在句子的后面或中间，而不是在句子开头；②陈述缺省部分应是关键内容且与上下文有密切联系；③每一个陈述缺省项不宜超过2项，以方便被试正确理解题意；④陈述应明确、严谨，确保缺省项答案具有唯一性；⑤缺省项的呈现应避免对被试有任何暗示。

2. 测验编制的基本步骤

确定测验的主要内容。测验主要内容确定的依据是课程标准或教学大纲和学生的具体实际。课程标准或教学大纲在整体上规定了该学科的性质及其在课程体系中的地位、教学目的和任务、内容范围以及选择内容的依据、编排内容的顺序等。

确定测验的目标层次。确定具体科目的掌握目标层次时，要从学科内容特点出发、以课程标准或教学大纲中确定的教学目标为基本依据。

确定测验内容权重。根据课程标准或教学大纲所规定的教学时间和分配比例，对列入测验的内容，赋以适当的相对比重，即权重。具体体现在测验试题数量、测验时间、分数分配等方面。

选定测验材料。测验试题的本质是为评价被试的基础知识、基本技能、基本能力以及情感、态度、价值观等教学目标提供工具。对同一教学目标的测验题可用不同的内容加以表述，表述测验题的知识称为测验材料。在测验内容确定后，主要通过以下两种途径选择材料：一是把测验所涉及的内容逐步分解到课程标准或教学大纲所规定的知识点中，然后选择适量的、重要的知识点作为测验的材料；二是对测验可能涉及的原始知识点进行合并分类，确定测验的材料。搜集测验材料时应注意以下几点：①测验材料要适合测验目的；②测验材料要能较好地突出或代表教材的基本内容和重点内容；③测验材料应具有普遍性；④测验材料适合学生的学习水平；⑤测验材料要切合社会实际。

编制二维细目表。依据上述所确定的测验内容、目标、权重、材料等，设计既能覆盖学科教材的全部内容，又能反映各部分内容和各测量层次的相对比重，还能明晰各部分内容和各测量层次测验题目的数量比率的二维细目表，它是编制测验试题的指导和依据。如果测验设计得准确、合理，测验编制者严格按测验计划编制试题，就能保证测验内容具有较好的代表性，从而保证测验的质量，实现测验的目标。

编写测验试题。编写测验试题是一个反复的过程。测验编制者需要对试题进行反复修改，要特别注意以下几点：①试题的内容取样应有代表性。②试题的数量要恰当，要使大多数被试在规定的时间内完成。③试题的难度要合适，能测出不同考生在知识、能力等方面的差异。④试题之间应保持互相独立。⑤表述应清楚明白。⑥测验题型应多样化。⑦评分标准应合理。⑧测验题目必须进行分析，以便为进一步筛选题目提供客观依据。⑨合成测验，这个过程应注意先易后难；同类组合，尽可能将同一类型的试题组合在一起；题目编排的方式或用并列直进式，即将整个测验依据试题材料的性质，分为若干分测验，对于同一分测验的题目，依其难度由易到难排列，或用混合螺旋式，即先将各种类型的试题依照难易度分成若干不同的层次，再将不同性质的试题予以组合，做交叉式排列，其难度则渐次升进。⑩编制复本，增加实际的效用。一种测验有时需要两份以上的等值型试题，份数越多使用起来越便利。

编写测验手册。对于标准化测验而言，编制测验的最后一步，就是编写测验说明书，也称作测验手册。测验说明书向测验使用者说明如何实施测验。同时测验说明书也是测验实施者评价、比较测验优劣的依据。测验手册的内容包括：本测验的目的和功能；测验编制的理论背景和选择试题的依据；测验的实施方法、时限与注意事项；测验的标准答案和评分标准的规定；测验分数解释的依据；测验的信度、效度资料，包括信度、效度系数以及这些数据是在什么情境下得到的。

（二）相关情感、态度、价值观测量表的编制

上述"测验"主要是获取学生学习思想政治理论课后的"知识、能力"信息，这里的"测量"则是获取学生学习思想政治理论课后的"情感、态度、价值观"信息。很显然，这方面的信息是反映思想政治理论课教育教学质量的重要指标，因此，如何"测量"并全面获取学生相关情感、态度、价值观的真实信息，是科学评价思想政治理论课教育教学质量的关键。一般而言，对于比较抽象的诸如态度、观念等概念或现象，主要用"量表"进行测量。何为量表？量表类似于一把"尺子"，其作用就在于精确度量一个较抽象的或综合性较强的概念，特别是度量态度和观念等的不同程度或差异。它能通过间接的、定量的方式衡量那些难以直接观测和客观度量的社会现象。当然，目前量表的编制还比较复杂，技术不尽成熟，应深入研究和探索，不断提高量表技术，进而提高测量的信度和效度。

1.测量量表的主要形式

测量量表的结构形式多种多样，其制作方式和设计方式各不相同。本课题中关于"情感、态度、价值观"的测量主要使用总加量表。当前使用最广泛的总加量表是利克特量表，它是由美国社会心理学家利克特于1932年在原有的总加量表基础上改进而成的。利克特量表由一组陈述组成，每一陈述设置"完全赞同""比较赞同""不好说""基本不赞同""完全不赞同"五种选项，分别计为5、4、3、2、1分或1、2、3、4、5分，每位被试的态度总分就是他对各道题的回答所得分数的加总，这一总分可说明他的态度强弱或他在这一维度上的不同状态。"基础"课相关情感、态度、价值观测量量表如表6-1所示。

表6-1　"基础"课相关情感、态度、价值观测量量表

【说明】 以下是对同学们日常生活中课程经常遇到的或思考、讨论的一些问题的陈述，请您快速地逐一阅读，并在与您的看法基本一致的相应空格中划"√"	完全不赞同	基本不赞同	不好说	比较赞同	完全赞同
+2.我对中国特色社会主义理论体系比较熟悉	1	2	3	4	5
-3.民主社会主义理论能够取代中国特色社会主义理论，成为解决中国实际问题的指导性思想	5	4	3	2	1
+7.在中国，爱国就要爱社会主义	1	2	3	4	5
-8.面对当前的贫富差距日益拉大状况，我对中国共产党能否带领全国人民走向共同富裕的道路表示怀疑	5	4	3	2	1
-11.马克思主义理论离我的日常生活比较遥远	5	4	3	2	1
-21.西方资本主义国家人民的生活比我们国家的要好，西方的制度也比我们国家的要好	5	4	3	2	1
-32.社会主义制度和资本主义制度可以永远并驾齐驱，共同发展	5	4	3	2	1
-36.马克思主义理论在当今早已过时	5	4	3	2	1
+43.我痛恨腐败，但我相信中国共产党有反腐倡廉的决心和能力	1	2	3	4	5
+44.中国特色社会主义理论能够指导中国走向富民强国之路	1	2	3	4	5

【说明】 以下是对同学们日常生活中课程经常遇到的或思考、讨论的一些问题的陈述，请您快速地逐一阅读，并在与您的看法基本一致的相应空格中划"√"	完全 不赞同	基本 不赞同	不好说	比较 赞同	完全 赞同
+51.有中国共产党的正确领导，中华民族一定会实现伟大复兴的中国梦	1	2	3	4	5
+54.社会主义最终一定能够战胜资本主义	1	2	3	4	5

表 6-1 是用来测量学生"社会主义认同度"的（依据"基础"课程目标），其他还有"集体价值取向""金钱价值取向""道德行为取向""法律意识取向"等几个维度，各维度陈述交叉排列，表中省去的序号即测量另外四个变量的。它由 12 个不同陈述（问题）组成，每一种陈述有五个选项，选项栏中的数字是每个陈述的每种选择的计分，它是根据量表测量的维度确定的，这一维度说明所测量的是什么内容，即测量范围是什么、测量范围的两端是什么、如何计分。如这一量表的维度是"社会主义认同度"，从高到低依次计 5、4、3、2、1 分。依据这一维度来确定每个选项的回答是否与维度的方向一致，若一致标示"+"号，它说明，如"完全赞同"这一陈述，就表示"社会主义认同度"高，计 5分；若与维度方向相反，则标示"-"号，它说明，如"完全赞同"这一陈述，就表示"社会主义认同度"低，计 1 分。12 个陈述的总分从 12 ~ 60 分，分数越高就说明"社会主义认同度"越高。

以此类推，可判断学生的"集体价值取向""金钱价值取向""道德行为取向""法律意识取向"。如果把五个维度共 60 个陈述合在一起则总分从60 ~ 300 分，分数越高就说明学生越接近"基础"课程目标（情感、态度、价值观方面）的要求。

2. 测量量表（总加量表）的编制与使用

（1）选择所要测量的内容或变量

如测量"社会主义认同""集体价值取向"，就收集大量与这一内容有关的问题并用陈述句的形式表达，根据思想政治理论课程大纲和目标要求，选择10 ~ 30 个陈述作为量表草案。

（2）确定每个陈述的选项和计分标准

这里把选项分为五个等级（"完全赞同""比较赞同""不好说""基本不赞同""完全不赞同"）。计分标准按测量维度确定的方向和选项来制定，正向陈述（标示"+"）和负向陈述（标示"-"）的记分顺序相反，且在一个量表中正向与负向陈述应各占一半。

（3）试测

从被试群体中随机抽取若干样本（如20人）使用量表草案进行测量。目的是对量表设计进行评估，包括陈述是否严谨、内容的针对性如何等，特别是要了解陈述（问题）的"分辨力"（能否区别出不同人的不同态度或不同程度的能力）。

（4）计算各陈述（问题）的分辨力

删去分辨力特别低的问题，由分辨力较高的问题（5～20个）组成正式量表。分辨力的计算方法是：将测试中得分最高的25%的被试与得分最低的25%的被试进行比较。具体公式为：每个陈述（问题）的分辨力系数＝得分最高的25%的被试在这一问题上的平均分－得分最低的25%的被试在这一问题上的平均分。表6-2是根据某个变量的试测结果计算分辨力的实例。

表6-2　实例

	序号	1	2	3	4	5	6	7	8	9	10	11	12	总分
总分高的25%	1	5	4	5										57
	2	5	4	4										55
	3	4	4	5										52
	4	5	3	5										51
	5	4	4	5										50
总分低的25%	1	2	4											37
	2	2	4											34
	3	3	3											32
	4	1	4											25
	5	2	3											23
总分高分5人平均		4.6	3.8	4.6	4.6	4.8	4.4	4.6	4.2	4.4	4.8	3.8	4.4	
总分低分5人平均		2.0	3.6	2.4	2.0	1.8	2.4	1.8	2.8	2.6	2.6	4.0	2.4	
分辨力系数		2.6	0.2	2.2	2.6	3.0	2.0	2.8	1.4	1.8	2.2	-0.2	2.0	

分辨力系数越小，就说明这一陈述题的分辨力越低，这种陈述（问题）应当删去。如上表中的第 2 和 11 题的分辨力系数分别是 0.2 和 -0.2，是 12 个陈述中分辨力系数最小的，应当删去，剩余的 10 个问题构成对该变量测量的正式量表。

（5）量表设计好后即可进行正式测量

具体应用时可与其他相关的变量测量合在一起（如前所述）构成一个量表进行测量，要获取该变量测量结果，只需要进行分类汇总（统计）即可。

（三）学生"质量"影响因素调查问卷的编制

如果只是对学生相关的知识、能力、情感、态度与价值观等变量进行测量，那么，测量的结果仅说明学生样本及其相应学生总体的知识、能力、情感、态度与价值观状况，尚无法对思想政治理论课教育教学质量做出评价或判断。因为，学生相关知识、能力、情感、态度与价值观的变化，显然是受多方面因素的影响产生的。至于思想政治理论课教育教学是否是最主要的影响因素，还必须通过相应的调查分析方能做出判断。正是基于这一认识，《高校思想政治理论课教育教学质量监测体系》还专门设置了第四模块，即学生"质量"影响因素调查问卷模块，目的就是要依据测量结果与调查结果进行相关分析，从而对思想政治理论课教育教学质量进行评价。当然，除了以网络形式、以学生为调查对象获取评价信息外，必要时还要辅之以实地问卷调查、小型座谈、个别访谈、案卷分析等多种形式对相关专业教师、管理干部、学生家长、用人单位等进行调查和综合分析。本课题的研究仅限于前者。正是从这个意义上来说，要建立高校思想政治理论课教育教学质量监测长效机制，还要不断改进学生"质量"影响因素调查问卷编制的技术与手段。

学生"质量"影响因素调查问卷的编制，遵循社会调查中问卷编制的基本原理、原则、方法和技巧，这里就不再赘述。就本课题的研究设计而言，随机抽取的学生样本，或者学过思想政治理论课（一门或多门），或者还没学过这些课程。对于学过这些课程的学生，他们相关的知识、能力、情感、态度和价值观与这些课程的教育教学是何关系？对于还没学过这些课程的学生，他们相关的知识、能力、情感、态度和价值观又主要受到哪些因素的影响？对于这两个问题的回答决定了两类不同的调查问卷：对于学过思想政治理论课的学生样本，根据影响学生"质量"的教育教学因素理论假设设计调查问卷；而对于未学过这些课程的学生样本，则根据影响学生"质量"的非教育教学影响因素理论假设设计调查问卷。对于前者，主要是教学内容、教学方式方法、任课教师、教材、教学考核、实践教学、教学对象和教学环境等八大要素；对于后者，则主要是家庭环境与教育、社会大环境、网络新媒体、学校教育和个体实践经历等五个方面。根据前面所述的量表技术与方法，即可分别编制出这两类问卷。

1. 影响学生"质量"的教育教学因素调查问卷（以"概论"为例）

影响学生"质量"的教育教学因素调查问卷（以"概论"为例）如表 6-3 所示。

表 6-3　影响学生"质量"的教育教学因素调查问卷（以"概论"为例）

因素	【说明】以下是对"概论"课教育教学相关问题的一些陈述，请您快速地逐一阅读，并在与您的看法基本一致的相应空格中划"√"	非常不同意	不同意	不好说	同意	非常同意
教学因素	1. 教学内容重点、难点比较突出					
	2. 教学内容总体来说比较抽象、空洞					
	3. 教学内容与社会现实生活联系较为紧密					
	4. 教学内容与大学生生活实际隔得太远					
	5. 教学内容对我的成长与发展很有益处					
教学方式方法	6. 这门课程以大班上课为主，师生互动机会太少					
	7. 教师讲课条理清楚，语言生动，充满激情，有感染力					
	8. 教师讲课说理透彻，理论联系实际，能启发学生思维					
	9. 教师能因材施教，重视听取学生意见并不断改进方法					
	10. 教师能灵活运用多媒体等先进的教学手段					
	11. 教师注重启发式、讨论式和研究性教学等方式					
任课教师教材	12. 教师有坚定正确的理想信念和马克思主义信仰					
	13. 教师爱岗敬业，有很强的人格魅力					
	14. 教师具有深厚的马克思主义理论素养与人文社会科学知识基础					

因素	【说明】 以下是对"概论"课教育教学相关问题的一些陈述，请您快速地逐一阅读，并在与您的看法基本一致的相应空格中划"√"	非常不同意	不同意	不好说	同意	非常同意
任课教师教材	15. 教师为人师表，尊重、关爱学生，严格要求学生					
	16. 教师有很强的课堂教学组织能力					
	17. 教师敢于直面社会热点和矛盾，并给予学生正确引导					
	18. 教材内容较好地反映了学科发展的最新成果					
	19. 教材内容过多、过细，重点不突出					
	20. 教材内容阐述枯燥乏味，与现实联系不紧密					
	21. 教材内容与大学生所思所想严重脱节					
	22. 教材内容简单重复，从中学到大学内容变化不大					
	23. 教材内容编写深奥难懂，可读性不强					
教学考核	24. 闭卷考试以考查知识记忆为主，迫使学生死记硬背					
	25. 考核应更注重学生的课堂参与及课外行为表现					
	26. 开卷考试更有利于考查学生的知识与能力					
	27. 撰写小论文的考查方式有助于提高学习效果					
实践教学	28. 定期进行实践教学					
	29. 有专人进行实践指导					
	30. 有专门的实践教学基地					
	31. 实践教学经费严重不足					
	32. 实践教学紧密联系我关心的问题，有助于提高我的社会经验和分析解决问题的能力					

续表

因素	【说明】 以下是对"概论"课教育教学相关问题的一些陈述，请您快速地逐一阅读，并在与您的看法基本一致的相应空格中划"√"	非常 不同 意	不同 意	不好 说	同意	非常 同意
教学 对象	33. 我对这门课程不感兴趣，学习主要是为了拿学分					
	34. 这门课程不如我专业课程重要，对我成才意义不大					
	35. 我喜欢学习与我就业有关的实用课程，本课程对我找工作意义不大					
	36. 我比较讨厌政治和政治学习，包括政治理论课程					
	37. 我很喜欢这门课，它可以帮助我树立正确的世界观、人生观、价值观					
	38. 我的人文社科方面的知识较缺乏，对书上所讲的理论难以理解					
	39. 专业知识很枯燥，上这门课也可以调剂一下					
	40. 这门课程没有必要去上					
教学 环境	41. 我的同学喜欢谈论国家大事					
	42. 我的一些同学经常不上这门课					
	43. 用人单位更关注毕业生的社会经验和专业技能，不太关心其理论素养和思想政治素质					
	44. 近些年党和政府一些干部的腐败现象屡禁不止，严重地破坏了党和政府的形象					

2. 影响学生"质量"的非教育教学因素调查问卷

影响学生"质量"的非教育教学因素调查问卷如表6-4所示。

表6-4　影响学生"质量"的非教育教学因素调查问卷

【说明】： 以下各项是对前面相关问题的一些陈述，请您快速地逐一阅读，并在与您的看法基本一致的相应空格中划"√"。	非常 不同意	不同意	不好说	同意	非常 同意
1. 经常浏览网络新闻使我对党的大政方针有更全面深刻的了解					

续表

【说明】： 以下各项是对前面相关问题的一些陈述，请您快速地逐一阅读，并在与您的看法基本一致的相应空格中划"√"。	非常 不同意	不同意	不好说	同意	非常 同意
2. 奥运会、世博会、亚运会的成功举办增强了人们的民族自信心和自豪感					
3. 我对网络上发布的负面报道更感兴趣					
4. 我的父母希望我能够加入中国共产党					
5. 由于宗教的传播与影响，我对马克思主义的信仰有些动摇					
6. 网上热点事件追踪报道与评议可以提升公民的社会责任感，加强对政府的监督					
7. 我喜欢和家人一起讨论一些国家大事					
8. 近些年一些政府官员的腐败行为屡禁不止，党和政府的形象在我心目中越来越差					
9. 中共中央领导与网民在线交流很鼓舞人心					
10. 现实社会分配不公，收入差距拉大，社会矛盾尖锐，能否稳定发展我没信心					
11. 我的中学政治老师讲的课给我留下很深的印象					
12. 我们专业课教师在课堂上很少结合专业对学生进行思想政治方面的教育					
13. 我生活在一个和睦、温馨的家庭里					
14. 我很少点击红色网站					
15. 相比品德和修养，用人单位更关注毕业生的社会经验和专业技能					
16. 高校开展的各种人文知识讲座有助于提高大学生的综合素质和思想道德水准					
17. 别人遇到困难，我的父母总是热心相助					
18. 网络信息鱼目混珠，我很难辨别真假					
19. 参加党校学习有助于提高大学生的政治觉悟和理论水平					
20. 不管遇到多大难事，我父母对生活总是很乐观					

【说明】： 以下各项是对前面相关问题的一些陈述，请您快速地逐一阅读，并在与您的看法基本一致的相应空格中划"√"。	非常 不同意	不同意	不好说	同意	非常 同意
21. 微博上发布的消息往往比官方媒体发布的消息更真实可靠					
22. 马克思主义基础理论知识在中学大多讲过					
23. 中国青年志愿者活动的蓬勃开展感染了很多人					
24. 相比做人，我父母似乎更关注我的考试分数					
25. 我平时喜欢看政治类的报刊书籍					
26. 我对历史知识比较感兴趣					
27. 我经常参加青年志愿者的活动					
28. 我家有人信仰宗教，我很羡慕					
29. 我校的校园精神风貌是积极向上的					
30. 我很少看时事新闻节目					
31. 当前社会经济、科技是发展了，但人的精神却越来越迷茫了					
32. 现任政府对民生问题的特别关注增强了老百姓对其的信任度					
33. 我从不阅读马克思主义经典著作					
34. 部分网民对群体性事件的非理性参与常常成了社会矛盾的催化剂					
35. 我喜欢参观历史博物馆					
36. 暑期社会实践活动使我对党的大政方针有更深刻的了解					
37. 我很少感受到爸爸（或妈妈）对我的爱					
38. 我喜欢阅读伟人的生平传记					
39. 我校的政治学习和形势政策宣讲报告常常流于形式					
40. 我的同学喜欢谈论国家大事					

要不断改进高校思想政治理论课教育教学质量监测的技术与手段，提高学生"质量"影响因素调查问卷的编制信、效度，除了前面部分论述的量表技术与手段外，这里还要重点研究影响学生"质量"的教育教学因素各维度和非教育教学影响因素各维度。换言之，加强探索性研究，合理确定两类影响因素的具体维度，不断改进量表技术与手段，是不断提高学生"质量"影响因素调查问卷编制的信、效度的有效途径。

四、建立高校思想政治理论课教育教学监测专业队伍、机构和制度

对高校思想政治理论课教育教学质量实施监测，体现了质量意识和内涵发展的基本理念，对坚持马克思主义在社会主义意识形态中的指导地位、培养社会主义现代化建设合格的建设者和党的事业可靠的接班人具有重要的战略意义。为保证高校思想政治理论课教育教学质量监测制度化、专业化、规范化，必须加强监测机构建设、队伍建设和制度建设，建立和完善高校思想政治理论课教育教学质量监测的科学体系。

（一）监测机构的组建

实行高校思想政治理论课教育教学质量监测，是主管部门加强高校思想政治理论课科学管理、宏观指导的重要手段。因此，应该在中宣部和教育部的领导下组建国家级的监测机构——中国高校思想政治理论课教育教学质量监测中心，负责组织实施对全国各地及各高校思想政治理论课教育教学质量的监测。

1. 监测中心的性质与任务

中国高校思想政治理论课教育教学质量监测中心，既是科学研究机构，又是国家级监测机构。

首先，中国高校思想政治理论课教育教学质量监测中心，是一个高度专业化的、相对独立的科研机构。中心可设置在具有马克思主义理论及思想政治教育、教育学、心理学、管理学、统计学等学科优势，具备高校思想政治理论课教育教学测评研究基础和条件的高等学校，依托该学校及全国相关学科的专业力量，组建专职与兼职相结合的高水平的研究团队，开展高校思想政治理论课教育教学质量监测的理论研究，研究制定高校思想政治理论课教育教学质量监测标准，研究开发高校思想政治理论课教育教学质量监测工具。

其次，中国高校思想政治理论课教育教学质量监测中心，是受中宣部、教育部委托对全国各省、市、自治区及各级各类高等学校思想政治理论课教育教

学质量进行制度化监测的国家级监测机构。中心的设置应纳入国家事业单位编制，得到中央机构编制委员会办公室的批准，经过中宣部、教育部授权具体实施全国高校思想政治理论课教育教学质量监测工作。监测中心要坚持以马克思列宁主义、毛泽东思想和中国特色社会主义理论体系为指导，贯彻落实科学发展观，按照《国家中长期教育改革和发展规划纲要》的要求，坚持依法监测、科学评价、服务决策的工作方针，对高校思想政治理论课教育教学质量、大学生的学习效果及其影响因素进行全面、系统、深入的监测，准确地向中宣部、教育部报告高校思想政治理论课教育教学质量的现状，为加强高校思想政治理论课的宏观管理与科学决策提供信息、依据和建议。同时，通过向社会发布监测数据和监测结果，引导各级主管部门、各高等学校及任课教师树立正确的教育教学质量观，大力推进思想政治理论课教育教学的改革，不断提升高校思想政治理论课教育教学质量，切实促进大学生马克思主义理论水平的提高和思想道德素质状况的改善。

最后，中国高校思想政治理论课教育教学质量监测中心，是全国高校思想政治理论课教育教学质量监测工作的技术中心与指导机构。中心在开展全国高校思想政治理论课教育教学质量监测工作的同时，负责指导各地开展高校思想政治理论课教育教学质量监测工作，加强对地方监测机构的专业指导与人员培训，引导地方教育监测朝正规化、科学化方向发展，推动国家高校思想政治理论课教育教学质量监测体系的逐步建立，最终把地方监测纳入国家监测体系中。在条件具备的情况下，牵头组建全国性的高校思想政治理论课教育教学质量监测网络，成为该网络体系的国家中心，为各地开展高校思想政治理论课教育教学质量监测工作提供技术支持和业务指导。

2. 监测中心的机构设置

中国高校思想政治理论课教育教学质量监测中心，根据其性质和所承担的任务，可设置办公室、研究发展部、监测实施部、网络技术部和交流合作部等内设机构部门。

①办公室。负责监测中心的人事、财务、资料与档案管理及日常办公等事务，是监测中心的综合管理部门，对监测中心的日常运行起着至关重要的作用。

②研究发展部。负责科学研究与政策咨询工作，是监测中心的核心部门之一。研究发展部主要承担四项基本职能。第一，负责政策分析与咨询服务。一方面负责高校思想政治理论课相关信息搜集和政策分析；另一方面要通过对相关信息及中心所获得的监测数据、结果的深入研究，向中宣部、教育部提交加

强和改进高校思想政治理论课教育教学工作的咨询意见与建议报告。第二，开展高校思想政治理论课教育教学质量监测理论、测评技术与方法等方面的研究工作，确保监测工作的科学性和有效性。第三，研究开发高校思想政治理论课教育教学质量监测的指标体系与标准化测量工具。第四，聘请国内外相关学科专家，组建监测中心的兼职专家团队，负责兼职专家团队的日常联络与沟通，并根据中心研发工作的需要，联络、协调兼职专家参与中心的研发工作。

③监测实施部。根据中宣部、教育部要求或监测中心工作规划，组织实施全国性或地区性的高校思想政治理论课教育教学质量监测，研究分析监测数据与结果，撰写并发布质量监测报告。同时，对地方开展高校思想政治理论课教育教学质量监测工作提供咨询与技术指导。

④网络技术部。承担监测中心的技术保障工作。一是协助研究发展部完成监测工具的网络化设计，建设和管理质量监测的网络系统。二是协助监测实施部实时监测工作，为监测数据的采集提供网络支持。三是负责全面管理监测中心收集的监测数据及信息资料，研发各类监测数据及信息管理应用平台，为监测中心及有关部门、全国相关科研团队提供科学、准确的数据服务。四是负责监测中心网站的建设、维护与管理。

⑤交流合作部。负责搜集、整理、分析、研究各类相关监测信息；组织实施国内外学术交流活动；通过简报、网站信息平台等多种途径进行对外宣传服务；联系与协调地方监测机构，提供专业指导与人员培训，密切监测中心与地方监测机构的联系与合作，为组建全国性的高校思想政治理论课教育教学监测工作体系创造条件。

作为国家级高校思想政治理论课教育教学质量监测机构，中国高校思想政治理论课教育教学质量监测中心，应该在中宣部、教育部的直接领导下开展工作。为加强对监测中心的业务指导，中宣部和教育部还应组建全国高校思想政治理论课教育教学质量监测指导委员会，聘请有关领导、思想政治理论课管理部门工作人员及相关学科专家担任指导委员会委员，对监测中心的组织建设、队伍建设、科学研究以及监测工作进行具体指导。同时，监测中心还应依托所在高校及全国其他有关高校、研究机构，组建一支兼职专家团队，形成一个科学合理的组织结构。

（二）监测工作的组织及运行

高校思想政治理论课教育教学质量监测，是中央主管部门加强对高校思想政治理论课教育教学工作管理的一项基本举措，应该做到依法监测、科学评价。

因此，可以中宣部和教育部联合授权的形式委托中国高校思想政治理论课教育教学质量监测中心负责具体的组织和运行。

1. 监测工作的启动

高校思想政治理论课教育教学质量监测工作政策性强、影响面广、社会关注度高，因而是否启动监测、何时实时监测、选择哪些地区和高校作为监测范围及具体对象都必须慎之又慎，必须经过科学决策来确定。

启动高校思想政治理论课教育教学质量监测的决策权，应该掌握在中央主管高校思想政治理论课建设与教学工作的部门手中，具体来说就是中宣部和教育部。中宣部、教育部分管领导和具体负责部门要根据高校思想政治理论课教育教学的实际以及中央加强高校思想政治理论课宏观指导的需要，制定高校思想政治理论课教育教学质量的常态化与动态化相结合的监测机制。所谓常态化机制，就是确定每年一次的全国性监测，全面了解我国高校思想政治理论课教育教学质量状况，以便及时发现问题、分析原因、提出相应对策。所谓动态化，就是根据工作的实际需要，决定在部分地区、部分高校或某种类型高校组织一次专门的质量监测工作，也可以就某门课程的教育教学质量组织一次专项监测。中宣部、教育部决定启动高校思想政治理论课教育教学质量监测后，可以书面通知中国高校思想政治理论课教育教学质量监测中心负责实施。监测中心接到通知后，应根据中宣部、教育部的具体要求，制定详细的实施方案上报中宣部、教育部审查、批准。

为了做到科学决策，中宣部、教育部有关领导和部门应充分发挥高校思想政治理论课教育教学质量监测指导委员会的指导作用，在建立常规化监测制度及决定启动某次专门或专项监测工作时，充分听取监测指导委员会委员的意见。必要时，还可以召开监测指导委员会全体会议来具体研究，提出明确的意见建议。监测工作启动前，监测指导委员会应根据该次监测工作的目的和要求，对中国高校思想政治理论课教育教学质量监测中心拟定的监测实施方案进行科学论证，提出改进建议，确保每次质量监测工作科学有序、顺利圆满。

为了充分发挥质量监测在加强和改进高校思想政治理论课教育教学中的作用，中央有关部门、高校思想政治理论课教育教学质量监测指导委员会以及中国高校思想政治理论课教育教学质量监测中心，都要定期研究社会政治经济形势、理论动态和社会思潮，经常深入高校和学生中间进行调查研究，适时提出改进质量监测工作的意见和组织专门、专项监测的建议，供中宣部、教育部等中央主管部门决策参考。

2. 监测工作的组织实施

高校思想政治理论课教育教学质量监测，由中国高校思想政治理论课教育教学质量监测中心负责组织实施。为了顺利完成质量监测任务，监测中心要按照实施程序做好以下工作。

（1）制订实施计划

监测中心接到组织实施高校思想政治理论课教育教学质量监测工作的通知后，要根据监测任务与要求，在监测中心专职人员和兼职专家队伍中遴选人员，组成实施本次监测工作的专家团队，着手实施计划的制订工作。实施计划要目标明确，每项工作任务及执行人员安排具体，时间要求也要合乎实际，还要确定便于实际操作的联络与协调机制。监测工作涉及列入监测范围与对象的地方主管部门和高等学校，需要得到他们的支持和配合，所以在计划中应对这些地区和高等学校在组织领导、参与人员、学生组织以及条件保证等方面提出具体要求。监测工作计划拟定出来后，要及时提交监测指导委员会征求意见并上报中宣部、教育部有关领导和部门审查批准、下发执行。

（2）组织人员培训

计划批准、下发后，监测工作正式启动。监测中心应召集专门的会议，对参加监测工作的本中心人员、兼职专家以及列入监测范围的地方和高校有关人员进行动员和培训，明确各自的任务与责任，确定上下联系与协调的办法，制定数据采集过程中可能出现意外情况的处置预案等，确保监测工作顺利有序地展开。

（3）进行数据采集

数据采集通过互联网进行，这里涉及受测对象的组织、测试条件的准备和网络技术支持等方面。监测中心监测实施部要做好周密安排，要协调网络技术部确保数据采集所需要的网络条件以及相应故障的迅速有效处理，要选派有一定监测工作经验的人员到参加监测的高校担任观察员和联络员，保持与监测中心的密切联系，协助受测高校处理数据采集过程中可能出现的问题。受测高校要做好发动组织工作，按照数据采集要求组织相应的学生按规定参加网上数据采集，并为学生提供上网测试的机房、计算机等必要条件，确保数据的有效采集。

（4）搞好统计分析和报告撰写

数据采集结束后，监测中心网络技术部要按要求及时完成数据的统计与计算机分析工作，为撰写监测报告提供监测数据与分析统计结果。监测实施部则应按预定计划组成监测结果分析与监测报告撰写的专家小组，对网络技术部门提供的监测数据与分析统计结果进行深度分析与研究，并协调好监测报告的撰写工作。

（5）监测报告的提交与发布

监测报告撰写完成后，监测中心应将报告及报告发布的建议送交监测指导委员会征求意见。监测指导委员会要及时对报告及报告发布的方式、范围等进行审查、评估，提出修改意见与建议，及时反馈监测中心。监测中心根据反馈意见完成对报告的修改完善工作后，正式向中宣部、教育部提交监测报告和报告发布建议。在得到中宣部、教育部明确意见与指示后，按照批准的报告发布方案组织报告的对内对外活动。报告可以文本形式向上级机关和领导呈报，还可采取会议或者文件（本）方式向有关部门、地方主管部门、高等学校通报，这是监测报告的对内发布。如有必要对外公布监测结果，则可以通过媒体发布会的形式发布监测结果，或者委托媒体向社会发布报告的有关内容。

（三）监测管理及制度

高校思想政治理论课教育教学质量监测工作必须制定相应制度，加强管理。

1. 管理的内容

高校思想政治理论课教育教学质量监测工作管理的内容主要包括决策管理、程序管理、人员管理等。

决策管理，就是对高校思想政治理论课教育教学质量监测启动权的管理。是否组织监测、在什么范围内组织监测、什么时间组织监测，应该纳入监测的决策管理范围，由高校思想政治理论课中央主管部门决策确定。全国高校思想政治理论课教育教学质量监测指导委员会及这个高校思想政治理论课教育教学监测中心要经常研究有关政策，了解高校思想政治理论课教育教学的状况，及时向中宣部和教育部提出咨询意见和决策建议，帮助主管部门做好科学决策。

程序管理，就是对正在进行的监测工作的实施过程的管理。在监测工作的实施过程中，中国高校思想政治理论课教育教学质量监测中心要按照事先制订的实施计划，按照监测工作的流程，对每一个环节实行监管，确保衔接到位，防止意外事件的发生。

人员管理，就是对参与高校思想政治理论课教育教学质量监测工作的全部人员的组织、调配与监管。任何计划的制订和实施，都离不开具体的执行机构以及实施人员等条件。在高校思想政治理论课教育教学质量监测工作的管理中，通过组织、指挥、奖惩等管理手段的运用，可以将参与监测工作的所有人员按照一定的原则及程序要求，有序地组织起来，并充分地调动他们的积极性，降低监测过程中人为的干扰因素的出现，减少实施进程中的不确定性因素，为完成监测任务提供有效的保障。

2. 管理的手段

管理是确保目标任务实现的基本方式，因此，任何管理都需要借助一些具体的手段，使实际的结果与预期目标相一致。计划、组织、指挥、协调和控制，是构成管理活动的五项基本要素，也是管理高校思想政治理论课教育教学质量监测工作的基本手段。

计划，是指对未来的行动或活动以及未来资源供给与使用的筹划，包括预测未来和拟订一个行动计划、实施方案。高校思想政治理论课教育教学质量监测管理，通过计划手段，指导监测工作系统循序渐进地去实现监测工作的目标。中国高校思想政治理论课教育教学质量监测中心负责制订每次监测工作的实施计划，对监测工作做出全面的安排。

指挥，在具体的管理活动中，发挥着四个方面的作用：第一，及时根据外界环境的变化，指示组织内所有人与资源配合去适应环境，采取适当的行为；第二，调动组织内成员的积极性，激励他们奋发努力，给他们创造发展的机会；第三，有效地协调组织内的人际关系，使组织内有一个良好的工作氛围，从而降低内耗；第四，督促组织内成员尽自己的努力按照既定的目标与计划做好自己本职范围的工作。因此，在高校思想政治理论课教育教学质量监测管理中，通过指挥这一手段的运用，可以优化工作系统，营造良好氛围，调动各方面的积极性，使参与监测工作的所有机构和人员都能同心协力去执行监测工作计划，确保监测任务和各个环节具体目标的实现。

协调，就是把所有的活动和工作结合起来，包括将资源按照规则和配比进行安排，将分工负责实施的各项工作和活动进行有序整合，使之统一和谐。高校思想政治理论课教育教学监测工作是一项复杂的系统工程，需要对监测中心、接受监测的高等学校以及相关专家、工作人员按照实施计划进行专业化分工，建立相互协调、密切配合的机制。对于监测过程中出现的问题及时沟通，及时加以解决，保证计划的顺利实施。

控制，是指根据既定目标不断跟踪和修正所采取的行为，使所有的工作都按照已定的计划和指挥来完成，实现预想的目标。在高校思想政治理论课教育教学质量监测过程中，由于各种不确定性因素的作用，工作推进的每一环节、监测中心及各高校有关部门和人员的具体行为，都有可能会偏离预定要求和方向。为了及时纠正这种偏离，防止这种偏离状况对监测工作产生严重影响，在对监测工作的管理中，建立信息反馈渠道和调控指令下达通道，对监测工作的各个环节进行有效控制是非常必要的。

3. 管理制度建设

为加强对高校思想政治理论课教育教学质量监测工作的管理，有效运用好各种管理手段，中国高校思想政治理论课教育教学质量监测中心应该加强管理制度的建设，使思想政治理论课教育教学质量监测工作走上制度化、规范化、科学化的轨道。

（1）日常管理制度建设

中国高校思想政治理论课教育教学质量监测中心，要加强自身建设，建立健全日常管理制度，实行科学化、规范化管理。根据监测中心的性质和所承担的任务，日常管理制度涉及中心建设发展和常规运转的各个方面，大致可以分为基本制度和工作制度。监测中心可以制定《中国高校思想政治理论课教育教学质量监测中心章程》对中心的性质、宗旨、任务、机构设置、人员评聘、运行模式等做出全面规定，使之成为监测中心建设与发展的基本制度规定。同时还应制定人力资源管理制度（包括人力资源配置办法、工作人员薪酬及奖励与惩罚办法、兼职专家聘任与管理办法等）、财务管理制度（如财务预算与结算办法、经费支出与报销规定等）、业务工作管理制度（如研究项目管理办法、中心网络管理规定、数据管理及信息发布规定等），并根据管理工作的实际需要制定相应的管理制度与规定。

（2）工作评估制度建设

中国高校思想政治理论课教育教学质量监测中心是一个独立、开放的研究机构，同时接受委托组织高校思想政治理论课教育教学质量监测工作，需要地方宣传及教育主管部门和各高等学校的支持、配合才能完成有关部门下达的监测任务。因此需要建立工作评估制度，对监测中心内部及协作单位、高校的工作进行科学评估。通过评估及相应的激励措施，充分调动各方面的积极性，共同搞好思想政治理论课教育教学质量监测工作。首先，监测中心可以制定《高校思想政治理论课教育教学质量监测工作评估奖励办法》，依照一定的指导思想、目标和价值准则，对工作评估的内容、评估信息收集的渠道与办法、评估工作的程序、评估结果的确定等做出明确的规定。评估制度要坚持评估与引导、指导相结合的原则，通过评估制度的实施，工作评估制度起着指挥棒的作用，这一指挥棒既引导、推动，也督促着相关部门和人员积极参与监测工作，认真完成各自的工作任务，产生出巨大的管理效益。通过评估制度的实施，参与高校思想政治理论课教育教学质量监测工作的各部门、单位、高校及相关人员不断提高对监测工作重要性的认识，进一步明确工作要求，调动工作积极性，提高工作质量和工作水平。

（3）工作保障制度建设

高校思想政治理论课教育教学质量监测的有效运行，必须以一定的条件为基础，必须有健全的领导体制、充分的法律依据和必要的经费与物质保证。因此，保障制度建设是高校思想政治理论课教育教学质量监测管理制度建设的重要组成部分。首先，要建立由中宣部、教育部领导，中国高校思想政治理论课教育教学质量监测中心组织实施，相关地区宣传与教育主管部门、高等学校有效配合，高校思想政治理论课教育教学专家、教育评价与教学质量监测专家积极参与的高校思想政治理论课教育教学质量监测工作领导体制与运行机制。其次，要依法建立高校思想政治理论课教育教学质量监测制度，为中国高校思想政治理论课教育教学质量监测中心接受委托组织实施思想政治理论课教育教学质量检测提供法律依据，并对监测数据及其结果的运用、发布等做出法律规定，真正做到依法监测。最后，建立经费及物质保障制度。如果依法建立起高校思想政治理论课教育教学质量监测制度，监测工作就成为中央主管部门领导下的一项常规性工作，必须建立相应的保障制度，加大投入，改善条件。经费投入的范围，不仅应包括每次质量监测工作的运行经费，还应包括相关理论研究、机构与人员奖励、国际交流合作、国家级监测中心基本建设等所需经费。在物质条件方面，首先要解决适应监测工作，尤其是数据采集需要的网络条件与相应设备、测试场所等。中央主管部门应做出相应规定，要求各地、各高校把参加监测所需的基本设施、设备和活动场所建设等纳入本地和本单位总体建设规划，从基本建设费和设备费中给予保证，并通过财政拨款、工作奖励等有效机制给予一定的补充。

参考文献

[1] 郭同峰 . 网络时代思想政治教育研究 [M]. 北京：九州出版社，2018.

[2] 张世欣 . 思想政治教育的人学解读 [M]. 杭州：浙江大学出版社，2018.

[3] 马敬 . 高校思想政治教育中的文化融入 [M]. 长春：吉林大学出版社，2017.

[4] 范春婷 . 高校思想政治教育专业政策研究 [M]. 北京：新华出版社，2018.

[5] 程卫国 . 思想政治教育艺术论 [M]. 长春：东北师范大学出版社，2018.

[6] 王凤双 . 互联网时代高校思想政治教育的解构与重建策略研究 [M]. 北京：九州出版社，2018.

[7] 陈胜国 . 新时代高校思想政治教育创新发展研究 [M]. 北京：文化发展出版社，2019.

[8] 秦世成 . 全媒体传播环境与高校思想政治教育 [M]. 北京：首都师范大学出版社，2018.

[9] 岳云强 . 高校思想政治教育理论专题研究 [M]. 北京：九州出版社，2018.

[10] 代玉启 . 新时代高校思想政治工作创新专题研究 [M]. 长春：吉林大学出版社，2018.

[11] 赵志业 . 文化视野中的思想政治教育研究 [M]. 长春：吉林大学出版社，2018.

[12] 王来法 . 思想政治理论教育新探索 [M]. 杭州：浙江工商大学出版社，2018.

[13] 吴长锦 . 思想政治教育协同创新研究 [M]. 北京：中央编译出版社，2019.

[14] 殷哲浩 . 信息化时代增强高职学生思想政治教育实效性的思考 [J]. 天津电大学报，2019（04）：72-74.

[15] 孟昭丽，杨平 . 推动高校思想政治理论课建设的四个着力点 [J]. 渭南师范学院学报，2019（11）：19-25.

[16] 孙玉姣 . 大数据时代背景下高校思政课程教学的思考 [J]. 花炮科技与市场，2019（04）：185.

[17] 曹建萍 . 基于"互联网 +"的高校课程思政改革模式建设研究 [J]. 宿州教育学院学报，2019（06）：47-49.

[18] 崔春静 . 工匠精神培育与高职思政教育有效融合的路径探析 [J]. 才智，2020（02）：92.

[19] 杨梦云 . 新时期加强高职院校思政教学的意义和对策分析 [J]. 轻纺工业与技术，2020（01）：130-131.

[20] 杨于岑，张振 . 新媒体时代高职院校思想政治教育的实效性及提升策略 [J]. 中国职业技术教育，2020（05）：52-56.

[21] 牛诗琳 . 工匠精神与高职院校思想政治教育的融合路径探讨 [J]. 花炮科技与市场，2020（01）：175.